十力
文化

\ 不用通靈，社畜也能成為人際溝通大師！/

# 圖解 身體語言

讀懂行為心理學，再也不怕踩到雷

十力文化／冠誠 編著

# 前言

　　提起身體語言，對於初次接觸這一概念的人來說是模糊的。那麼身體語言到底是什麼呢？其實，所謂身體語言就是指由人的肢體動作引起，可以傳遞許多訊息的非語言性的符號，包括目光與臉部表情、肢體動作與觸摸、姿勢與外貌、身體間的空間距離等。

　　身體語言包括了臉部表情、手勢、身體移動（人體動作學）、身體距離（空間關係學）、接觸（觸覺學）、姿勢，甚至包括服飾來揭秘人們的思想、意圖和真誠度。

　　身體語言對於我們獲知別人隱藏的內心世界具有重要的意義。在日常社交活動中，藉由瞭解身體語言的「密碼」，你就能獲悉對方是真心還是假意；在商務交往中，你就能把握對方的真實意圖；在進行推銷時，你就能抓住重點促成對方的購買意願。

　　曾經有一名對身體語言非常有研究的推銷員在對坐在椅子上的一對夫妻推銷時觀察到，如果妻子先翹起腿丈夫也跟著翹腿的話，可以推測這個家庭是「老婆當家」。於是，他就不把丈夫看作推銷對象而針對他妻子展開重點進攻，結果往往是事半功倍。

　　由此可見，身體語言在我們的生活中可以起關鍵作用。同時，如果我們懂得身體語言的真實意涵，那麼我們就能控制好自己的身體語言，比如你想要給別人留下一個好形象、你想要讓別人知道你的誠意、你想要讓對方知道你是多麼尊重他，這些效果你都可以透過控制自己的身體語言來實現。

　　政治家、影視明星等公眾人物之所以能夠擁有最佳的公眾形象，

是因為他們曾向專業的身體語言專家學習過，還有那些優秀的領導者和管理者、銷售冠軍們都是熟諳身體語言之道的高手，所以他們才能在商戰中運用心理戰術看透並掌控對方。所以，學會讀懂和使用身體語言是洞悉先機、掌控全局的成功保證。

讀到這裡有的朋友可能就會問，那我們要如何才能讀懂別人內心的真實想法呢？如何「看懂」別人的身體語言呢？如何才能讓別人知道我有多誠心，給別人留下自己所希望的形象呢？

不要急，在本書中你將找到自己想要的答案，可以從書中如何「通譯」身體語言獲得許多參考，只要你耐心學習、細心觀察，那麼在與他人的交往中你就會成為掌控者，而不是被掌控的人。

# 目次

Chapter

# 3 眼睛的「悄悄話」

Chapter

# 4 姿勢所隱藏的訊息

Chapter

# 7 從興趣剖析人心

Chapter

# 8 穿著打扮

Chapter

# 9 個人領地的宣言

# 1

# 身體語言的秘密

拿起此書，許多人心中一定存在諸多疑問：什麼是身體語言？它具有哪些特徵？學會解讀身體語言對我們有哪些好處？現在，我們就先解答這些疑問，來看一看身體語言具有哪些特點。

# 身體語言不會說謊

在認真傾聽他人言論的同時，還必須認真解讀對方的「身體語言」，
因為身體語言往往傳遞最真實的意思。

現實生活中要判斷一個人誠不誠實，是看他所說過的話與事實是否相符，不過這樣去驗證話語的真實性往往都需要一段時間，會讓我們變得很被動，甚至會給我們帶來許多不必要的麻煩。例如，你錯信了商業合作夥伴的謊言而與他合作，等你發現對方說謊時可能已經受到一定程度的經濟損失。但是，如果在你們對談的當下就能捕捉到對方說謊的資訊的話，那麼你就可以避免損失。

那麼，我們怎麼才能判斷對方是否誠實可靠呢？必須瞭解的是，**非語言交流往往更能夠反映一個人真正的思想、感覺和意圖**，只是人們常常會忽略自己的非語言行為。在日常的人際交往中，我們透過身體語言所進行的訊息溝通佔半數以上。美國有一位心理學家就曾提出這樣一個訊息表達公式：

> **資訊的完整表達 ＝ 55%表情 ＋ 38%語調 ＋ 7%語言**

顯然在人際交往中，身體語言作為人體的非語言行為也和有聲語言一樣是傳遞訊息的一種方式。有時候即便你的話語說得無比動聽，可以完全說服對方，但是你的身體卻會「出賣」你。

比如說，一位女孩向她的一位好友借錢，那位好友在答應借錢的同時卻下意識地搖了搖頭，那麼這女孩應該可以立刻想到她的好友並不是真心願意借錢給她，只是因為拉不下面子才沒有拒絕。事實上她的好友也的確如此。

可見在許多情況下，僅透過話語並不足以真正瞭解對方的真實想法，必須把對方的話語和身體語言結合起來。所謂「聽其言而觀其行」，除

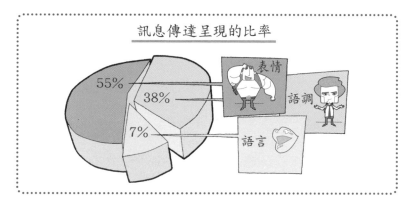

了認真傾聽一個人說話，還要仔細觀察他說話時流露出來的神色舉止，並且還要留心他說話的環境。如果能做到這一點，一般來說就能瞭解他的情緒狀態和內心想法。

在人際交往中，千萬不可忽視那些無聲的身體表達，因為那是鮮明而準確的訊息。如果你想要真正瞭解交談對象的話語本意，在認真傾聽其述說的同時，還必須認真解讀對方的「身體語言」，因為身體語言往往傳遞著最真實的意思。

例如口中明明說著左方，但手卻比向右方，這時就必須考量對方說的真實性。然而，若不一直觀察對方，就不太容易抓住這一破綻——即言語（左轉）和非言語行為（向右的手勢）的不一致。

# 透視別人的內心世界

觀察他人最理想的境界——別讓對方察覺的觀察力——就是要小心，盡量不引人注意。

幾乎每一個人都希望自己擁有「透視」別人內心世界的能力，這樣就可以避免上當受騙、受傷害和引起別人的反感……甚至是事情順著你希望的方向發展。但事實上，「破解」他人身體語言並不是一件容易的事，因為在成長的過程中，我們很少受到這一方面的教育，無論是小學、中學還是大學，都沒有開設相關課程；從小到大，父母手足以及身邊的人也沒有教我們如何去做。

的確，破解身體語言不是一件容易的事，但也不代表無法辦到，因為這不是少數人所擁有的特異功能，而是一般人可以學會的技能，就像學習其他知識一樣，經過一定的練習就可以掌握並懂得運用。

想成為一個懂得身體語言的人，最重要的就是懂得細心觀察。眾所周知，一個不專心的聆聽者可能到最後都不知道別人講話的內容，**聆聽別人的有聲語言還帶有被動性——只是被動地聽——而對於無聲的身體語言則需要主動觀察**。被動接受的時候不專心都可能得不到完整的訊息，主動搜尋的時候就更不用說了。因此，仔細觀察和聆聽一樣重要，前者甚至比後者更為關鍵。如果你想要成為一個懂得解密身體語言的人，那就得學會觀察，並且是要用心地觀察，甚至將其變成你生活的一部分。

用心觀察周圍的世界應該是一種自覺的、投入的行為，良好的觀察能力是一種需要付出努力、精力和專注力方可練就的能力，它也是一種需要長期訓練才能獲得的能力，就像我們的肌肉一樣，用則發達，不用就會萎縮。

我們可以透過隨時**注意周遭的狀況**，甚至學習走進自己家門時深吸一口氣，如果聞到「異常」氣味，就可以格外留心。當鼻子已經先眼睛一

步發出警示，就可以尋找異常的來源並加以準備。透過學習運用自己的感官，生活可以更安全、更健康。

### 或許在學生時代有過這樣的經歷

老師在課堂上講得慷慨激昂、妙語連珠，但你卻在座位上神遊幻境，神思不知飄向了何處。突然，老師叫你的名字並讓你談談他剛才所講的內容，結果你啞口無言、滿臉通紅，直到尷尬地坐下後，心裡還不免想，老師怎麼就知道我心不在焉呢？

其實很簡單，老師就是憑藉他的直覺讀到你在課堂上的狀態。那什麼是直覺呢？簡單來說，直覺就是一個人解讀他人的非語言暗示，並把這些暗示同語言信號加以比對的能力。所以，當你做出一副認真聽講的假象，以為能瞞得了老師，殊不知老師已從你的身體語言——一動不動的身軀、空洞的眼神——看出你在「神遊幻境」。其實，我們每個人都有這種能力，關鍵在於你能不能體悟和把握自己的這種能力，並採取相應的行動。

從上面的敘述中我們可以瞭解，要想充分掌握好身體語言就必須仔細觀察他人。不過值得注意的是，生活中很多第一次試著尋找身體語言線索的人總會直盯著別人看，這麼做肯定會引起別人的反感，因此觀察別人最理想的境界就是別讓對方察覺；也就是說，**要盡量做到不吸引他人的注意**。在不斷的練習和堅持中，你的觀察技能一定會變得日益精湛

我說了三次，你有在聽嗎？

他給我打！

# 社會背景與身體語言

大腦進行思維活動時，會支配身體的各個部位發出各種信號，這是人們不能控制而且也難以意識的。

---

社會語言學家經過研究指出：一個人的口語能力與他的社會地位、權力或受教育程度密切相關。其實，細心觀察的人也能發現一個人社會地位越高、擁有的權力越大，或是受教育的程度越高，他的口語能力一般就越強。一個人所掌握的口說語言和他用於表情達意的知識量有密切關聯，也就是社會、經濟地位越高的人，多使用其擁有的豐富詞彙來表情達意；社會、經濟地位越低，受越少教育的人，則更會使用身體姿勢來表情達意。

一個人的身體語言除了受其所處的社會經濟地位，以及教育程度等因素影響外，還受到一個重要因素的影響，那就是年齡。

如果是一個五歲孩子向媽媽說謊之後，他會無意識地摀住嘴巴，這個摀嘴的動作其實明顯地向母親「告發」了他的謊言，如果他的母親熟悉身體語言，那麼她就能及時發現孩子的謊言。而這一手勢在人的一生中其實是會繼續使用下去，不過做這一動作的方式和速度會有所變化。當十幾歲的孩子說了謊，他也可能會像五歲的孩子一樣摀住嘴，但是方式不再是用整個手掌，而是用手指輕輕地觸摸一下嘴角；到了成年，這種手勢就變得更加微妙了。成年人說謊時，他的大腦同樣可能會支配他的手去摀嘴，企圖阻止謊言出口，但是到後來很可能變成一種摸鼻子的手勢，這種手勢是童年時期摀嘴手勢的延伸。

這一實例說明隨著年齡增長，手勢會變得更加微妙。年齡越大，經驗越多，性格就越穩重，手勢也就更為隱蔽，這就是觀察一個五十歲的成年人的內心世界比觀察年輕人的思想更為困難的原因。

有的人會對上述內容有所懷疑，不相信小時候某一時刻的身體語言會

在我們的大腦中長久儲存下來，只是隨時間稍稍改變而已，這就需要來瞭解一下我們的大腦。

## 大腦是我們認知能力的基地

　　大腦是人體的「命令加控制中樞」，駕馭著我們身體的一切。不過大腦並不是一個統一的整體，它是由丘腦、海馬體、胼胝體、小腦、下丘腦、杏仁核、新皮質等部分所組成，其中由杏仁核和海馬體組成的大腦邊緣系統，在人體的非語言行為表達中扮演了重要的角色。

　　邊緣系統對我們周圍世界的反應是**反射式、不加考慮的，是感性而非理性的**，它對來自環境中的訊息所做出的反應也是最真實的。邊緣系統是唯一一個負責我們生存的大腦部位，它從不休息，一直處於「運行」狀態。另外，邊緣系統也是我們的情感中心，各式各樣訊號從這裡出發前往大腦的其他部位，而這些部位各自管理著我們的行為，有的與情感有關，有的則與我們的生死有關。

　　這些邊緣反應不僅可以追溯至我們的幼年時代，同樣可以追溯至人類遠祖時代，是神經系統的原始本能，很難偽裝或剔除——所以，**邊緣反應是誠實可信的行為，是對人類的思想、感覺和意圖有所反應時最直接的展現**，這也是人們不能自我控制而且也難以意識的行為。

　　開始偽裝的時候，邊緣行為的訊號和他的口說語言就會出現矛盾。有時候為了達到某種目的也可以故意偽裝，但即使是專家，這種偽裝也只能持續很短的時間，最後他的身體終究會發出與他的偽裝毫不相干的訊號。

說謊時搗住嘴巴的動作，會隨著年齡增加而幅度變小，成為輕觸嘴唇或鼻尖。

# 身體語言男女有別

瞭解男女之間的差別，對於更好地識別男人或女人的內心世界，
解讀不同性別人群的身體語言非常有幫助。

社會是一個由兩性合演的「舞台」，幾乎在所有社會裡多數人對孕婦最好奇的問題都是「男孩還是女孩」，男女這種生物學上的差異使得人在性格、思想、情緒、舉止、言行及服飾等方面存在著明顯的差異。因此，我們在瞭解身體語言時，就必須瞭解因性別不同而導致的差異，結果可以發現男女之間的身體語言存在很大差別。

● 差別一：笑的差異

兩性的差異也影響到笑具體含義存在較大差異，**男性的笑多半是心情愉快的反映，而女性的笑很多時候不一定和心情愉快有關。**

微笑往往是女性的一種緩和方式，暗示不要對我無禮和粗暴，很多時候微笑似乎成為了女性角色不可或缺的一部分，大多數女性在舞會、宴會或是其他場所中，往往以微笑來體現教養、典雅和端莊。

在這種情況下，**女性的微笑並不代表著快樂、開心或肯定的情感狀態，某些時候它可能恰恰反映的是一種不悅或否定的情感**，像是為了博得某人的好感而不得不對其微笑。當然，男性的微笑也可能存在此種情況，只不過在女性身上體現得更明顯。

● 差別二：哭的差異

哭也是一樣，多數人在宣洩情感時往往都會嚎啕大哭，但有時女性在與己無關事由的情況下，也能開啟哭的按鈕大哭一場，而男性則一般不會因此掉眼淚，

因為他們信奉「男兒有淚不輕彈」，這也和行為學家調查的結果不謀而合。

　　美國行為學家奧斯曼調查發現，男性平均 3 個月或更長時間哭一次，而女性平均每月要哭三次。其次，男子漢的眼淚可滯留眼眶不流出，女人的眼淚多「奪眶而出」。此外，這項調查還發現，男性在哭泣的過程可戛然而止，而女性則沒有辦法，她們停止哭泣最快也得耗時 1 分鐘。

### ● 差別三：個體空間要求不同

　　在個體空間方面，**男性一般都願意與他人保持較近的距離**，以便雙方進行友好的交流，而**女性需要的個體空間則要比男性大一些**，她們喜歡與人保持一定的距離，以求得心理安全。例如在聚會上，我們會經常看見女性，尤其是單身的女性往往是「形單影隻」，而單身的男性則是「左右逢源」。

### ● 差別四：掩飾情緒方式不同

　　女性掩飾情緒所使用的手段比男性使用的手段更具隱蔽性，而男性掩飾緊張情緒時，會做一些無關痛癢的事情，例如調整錶帶、看錢包裡的東西、搓手、玩衣袖上的鈕扣，或是其他一些可以讓胳膊往前伸出去的姿勢。

　　而女性掩飾自己緊張情緒的方法則沒有男性那麼明顯，她們往往是用雙手拿著酒杯，或用手提袋、包包與建立一個虛擬的屏障。相比於男性掩飾自己緊張的方法，女性的這些方法當然更迷人。

### ● 差別五：女性更具觀察力

　　女性似乎天生就具有洞悉細微變化以及破解各種非語言訊息的本領，德國行為學家埃德加斯的實驗也證明這一點。實驗中，埃德加斯為參加試驗的人員播放了一段無聲短片，影片中有一對男女正在交談；放完短

片後，埃德加斯讓所有參加實驗的人員根據片中兩個人的臉部表情來猜測這對男女到底在交談什麼。試驗結果顯示，半數以上的女性猜對，其中生育過小孩的女性準確率更高達 85%，而男性僅有 20% 猜對，其中從事文化藝術行業的男性準確率接近女性。

為什麼有育兒經驗的女性洞察力比沒有的女性洞察力更勝一籌呢？原因很簡單，因為在養育嬰兒的最初幾年中（嬰兒能開口說話之前），母親僅能透過身體語言和孩子進行溝通，這也是**為什麼女性（生育過小孩的）在談判時比男性更具洞察力的最主要原因，因為她們在養育孩子的過程中就已經不知不覺進行了解讀身體語言的訓練。**

### 為什麼在整體上女性的觀察能力比男性強呢？

醫學為我們解開了謎底。透過核磁共振可以發現一件事實：女性大腦中約有 15 個部位可以評估受到的刺激，而男性大腦中僅有 4、5 個這樣的部位，這就是為什麼女性的正確率要遠遠高於男性的原因。這也可以說明為什麼女性在參加宴會時，僅僅「掃瞄」一下周圍的夫婦就能基本斷定其關係狀況如何，誰和誰在賭氣，誰和誰是最恩愛的一對，以及在家中的主導地位等。

此外，女性與男性還在許多方面存在差別。做決定時，女性決定的反應時間要比男性快；在戀愛方面，調查顯示約有 25% 的男性在第一次約會時就會愛上對方，但女性要到第四次約會時，才有 15% 的人會愛上對方；交友方面，**男性在年輕時會結交很多朋友，但女性過了中年之後才會有更多的朋友。**

### ● 差別六：生活習慣方面

有 75 至 80% 的酗酒者是男性。十位丈夫中，只有一位會與酗酒的妻子生活；但在十位妻子中，卻幾乎都會選擇與酗酒的丈夫繼續生活。

在工作方面，**男人喜歡衝鋒式的工作，間隔休息，而女人喜歡以同一**

個節奏工作；在支配方面，入學前到中學期間的男孩比女孩喜歡支配別人，而成年後婚姻生活越久，妻子就越可能成為支配者。

女人喜歡隱藏她們最深的感情，而男性喜歡讓對方知道。如果你問一個男人：「這個包包是誰的？」他會直接回答你；而當你改問女人，她們通常會反問你：「有什麼問題嗎？」

因此，瞭解男女之間的差別，更好地識別兩性的內心世界，便能幫助我們解讀不同性別族群的身體語言。

由杏仁核和海馬體組成的大腦邊緣系統，在人體的非語言行為表達中扮演了重要的角色。

# 解讀身體語言的技巧

觀察肢體動作，注意身體語言與口說話語的一致性就好比金鑰匙，
能夠幫助我們正確地解讀出潛語言背後的真正含義。

　　正確解讀一個人的身體語言是有一定技巧的，它需要綜合多方的因素
來考慮和評估，想要正確解讀身體語言需要注意以下幾點：

## ① 連貫性地理解

　　學習解讀身體語言的初學者經常會犯一個錯誤，就是將每個表情或動
作分開來看，忽視其他相關聯的表情或動作而單獨、片面地解讀。譬如
說，撓頭所表示的含義很多，像是尷尬、不確定、頭癢、健忘或撒謊等
等，所以必須注意同時發生的其他表情和動作。

> ### 身體語言也有詞組、句子和標點符號之分
>
> 　　身體語言和說話一樣，每一個表情或動作就好比一個單詞，而每
> 一個單詞的含義都不是單一的，只有把一個詞語放到句子裡，配合
> 其他詞語一起理解時，你才能徹底弄清楚它的具體含義。**以「句子」
> 的形式出現的動作或表情才能被稱為身體語言群**，就好比我們想要
> 說一句話，那就至少需要用三個詞語組織才能清楚地表達說話的目
> 的。

　　當我們感到無聊或是有壓力時，我們常常會不斷地重複做一個或多個
動作，不停地摸或玩頭髮就是常見的一種表達方式，可是假如不考慮其
他動作或表情，同樣的動作卻很有可能表示這個人心中很焦慮或是不確
定。因為摸頭髮或頭部的動作是我們孩童時期，媽媽總是會用這樣的方
式來安撫我們。為了證明綜合理解對解讀身體語言的必要性，可以參考
一種常見的邊緣行為：

將手移至臉旁並用拇指支撐著下巴，食指保持一種向上的姿勢貼在臉頰上，而剩下的三個手指則正好將嘴巴擋住。另外，雙腿緊靠交叉，而雙臂也以類似的姿勢環抱於胸前（防禦的狀態），與此同時，頭和下巴保持下垂的姿勢（否定或不友善的態度），這些跡象表明該聆聽者已經對所聽到的內容做出自己的評價。聆聽者就是透過這一連串身體語言告訴對方：「我對你的話不感興趣」、「我不同意你的說法」或「雖然我很不贊同你的話，但是我正在努力克制自己的不滿情緒」。

② 尋找一致性

觀察身體語言群，**注意身體語言與口說話語的一致性就好比鑰匙，能夠幫助我們正確地解讀出潛語言背後的真正含義。**

如果你是一名演講者，邀請某位聽眾上台發表他對演說內容的意見，而他說他並不贊同你的觀點，那麼他身體語言所傳遞的訊息就應該與他的口語表達相吻合，也就是說，兩種語言所表達的意思完全一致。但是假如他口頭上表示贊同，但是身體語言所傳遞的訊息卻並非如此，那麼他很可能在撒謊。

當你看見一位站在演講台後的政治家，一邊信心十足地向觀眾們説他有多麼尊重年輕人的意見，並承諾一定會虛心接受他們的建議，一邊卻又將自己的雙臂環抱於胸前（以示防禦），並且下巴微沉（批判、充滿敵意的象徵），那麼提醒你這時千萬不要相信他的説辭。

### ③ 結合情境來理解

對動作和表情的理解應該在**當下情境**完成，例如在寒冷的冬天，你看見某個人坐在站牌旁候車，雙臂緊緊環抱於胸前，雙腿也緊緊地夾在一起，這時你可以推斷這種姿勢是因為冷而不是想保護自己。但如果你和某人隔桌相對，而你又試圖向他闡述自己的觀點，或是向他推銷某種產品，在你説話的同時，對方擺出了一個和前述一樣的姿勢，這個時候就該明白，他對你的話持否定的態度或者他很抗拒推銷。

在後面的章節中所談到的所有肢體動作和表情都應該結合當時的情景來理解，同時請不要忘記，你也應當**綜合前後的動作和表情，連貫地思考問題**。

# 八個快速觀察的捷徑

想成功解密非口說語言交流的奧秘，就一定要遵守這八個「重點」！

我們不論是為人處世、開創事業，還是學習何種技能都有其需要遵循的「準則」，學習解讀身體語言自然也不例外。解讀身體語言是一種可以學會的技能，只不過要學會這種技能，就必須與它建立一種合作的關係，這樣才能為共同的目標努力。

學習解讀身體語言就和學開車一樣，第一次開車的人由於駕駛技術還不熟練，所以會過分關注操作上的問題，但越關注車就越不聽使喚，以至於無法注意車外的路況，所以車也開得不順利。只有當你找到坐在駕駛座上那種舒適感時，你才能將注意力轉移到整個駕駛環境，而學習解讀身體語言也一樣，一旦你掌握了有效使用這種交流方式的技巧，它就會變成一種本能，你就能全心投入到對周圍世界的解讀上，這裡提出八個能加速成功的「捷徑」：

● 捷徑一：從大環境觀察

前面已經提到，解讀身體語言需要用心觀察，這個「用心」包括了視覺、觸覺和感覺等一切可以調動的感官，除了要用心觀察之外，我們還必須**學會在氛圍中觀察。當我們對自己所處的環境理解得越透澈，就越能理解當下非口說語言行為的含義**，例如車禍後人們會先感到震驚，然後茫然地走來走去，手會顫抖，甚至會恍惚地走向迎面而來的車輛（所以特別在國道上遭遇事故，千萬不可在車內外逗留）。

為什麼會這樣？因為事故發生後，人們的「思考」會受到大腦邊緣系統的控制，於是會出現顫抖、迷失方向、緊張和不適等現象，如果應聘者在面試時出現緊張的情況，那麼在問某些具體問題時就要想一想其中的原因，這對於瞭解應聘者將有很大的幫助。

● 捷徑二：認識普遍存在的潛語言行為

　　不同的人有不同的身體語言，但有些身體語言還是具有普遍性，例如人們有時會緊閉雙唇（彷彿要把它們藏起來），這清晰明確地說明他們遇到了麻煩或是什麼地方出現了問題，這是**視覺阻斷**的一種行為。

● 捷徑三：解密特殊的身體語言

　　既然有普遍性的潛語言行為，當然也有非普遍性的。普遍的潛語言行為構成一組肢體線索——每個人幾乎都是一樣的行為——但還有一種身體語言線索，是一種專屬於某一個體相對比較獨特的訊號。

　　想要識別這些特殊的訊號，就需要仔細觀察周圍人（朋友、家人、同事和一直為你提供某些商品或服務的人）的行為方式。你對這個人越瞭解或是與之互動得越久，就越容易發現這種訊息，因為你事先儲存的數據足以讓你做出判斷。

　　舉個例子，當你發現孩子在考試前有撓頭或咬嘴唇的舉動時，你可以知道他可能十分緊張或沒有準備充分。毫無疑問地，這樣的舉動會成為他緩解壓力的招牌動作，以後你會一遍又一遍地看到他做這樣的動作，因為「**過去的行為是將來的行為最好的預演**」。

● 捷徑四：尋找基線(Baseline)

　　想要理解那些經常與你互動的人的基線行為，必須仔細觀察他們的常態，包括坐姿、手腳擺放的位置、姿勢及臉部表情、頭的傾斜角度，甚至包括放置物品的位置，像是通常會把錢包放在哪裡。你需要**能夠分辨「正常表情」和「壓力下的表情」的不同之處**。

　　只有**多觀察正常的情境行為，才能認識和區別出反常的情況**，即使只是一次與某人的偶然相遇，你也應該試著留意他或她在最初交流時的基線行為。

基線很重要！

　　這是因為掌握了對方的基線行為，你才能對比他出現的是正常現象還是意圖隱瞞某些事情，如此才能知道對方什麼時候會背離常態及其中蘊涵的訊息。

● 捷徑五：堅持不懈，獲取多種訊息

精湛靈活的應對是能提高你**觀察更多訊息的能力**。綜合在一起的行為信號就像拼圖的各個板塊，你拿到的板塊越多，把它們拼好的可能性越大，然後你就能欣賞它們組成的完成品了。

● 捷徑六：行為的變化很重要

行為的突然變化表明一個人正在對某種訊息進行加工或調試。當一個滿心歡喜奔向遊樂場的孩子被告知遊樂場已經關門的時候，他的行為會立刻發生變化；當我們聽到不好的事情或令人傷心的情境時，我們的身體也會馬上做出反應。

一個人的行為**變化還能夠反映出他（她）在某種環境下的興趣以及意圖**，這些行為能夠幫助我們預測即將發生的事。於是，精明的觀察者總能從中獲取額外時間。

● 捷徑七：學會發現虛假或誤導性的潛語言行為

練就這種區別真線索和誤導性線索的本領需要大量的實踐和經驗，不僅需要用心觀察，還需要縝密地判斷，這種技將幫助你準確地解讀想解讀的人。

● 捷徑八：嘗試區分舒適與不適

解讀**潛語言行為需注意兩大核心重點：舒適與不適**。學會準確地解讀其線索能夠幫助你破解對方的肢體動作和大腦真正想傳達的訊息。當你對某一個行為的意義產生懷疑時，不妨問問自己這樣的行為看起來舒適（有沒有滿足感、幸福感或鬆弛感）還是不舒適（顯示不高興、不幸、有壓力、憂慮或緊張）？大多時候你都可以把觀察到的行為歸納成這兩類（舒適和不適行為）。想成功解析潛語言交流的奧秘，一定要隨時注意以上這八個「捷徑」。

眼神飄忽又一直摸飛彈……

# 2

# 表情密碼

人類複雜的表情變化都是在臉部的眉、眼、嘴、鼻的動作變化上體現出來的，臉是人體中最富有表情、最生動的部位，透過觀察臉部表情可以輕而易舉地讀懂他人內心的情緒狀態和洞悉其心理變化。

# 表情符號，心靈的鏡子

臉部表情通常被看作靈魂的一面鏡子。透過這些不同的表情，你可以清晰地看透他人的內心世界。

人類有一項特有的技能——語言，但這項技能異常複雜，需要經過漫長的時間演化。在還未進化出這項技能之前也需要溝通，那時的溝通較為簡單，借助肢體動作和其他方式表達最常見的需求如喜怒哀樂、驚訝和恐懼，臉部表情是其中一種方式。雖然現在人類的語言體系已十分健全，但在演講、闡述和說服時還是會使用到身體語言，包括臉部表情。當你在人生地不熟、語言又不通的地方時，你會比手畫腳；當你被別人激怒時，你會橫眉豎目；當你對別人產生好感時，你會微笑，這其實就是一種交流。

雖然種族、語言不同，但有一點是共同的，那就是快樂、悲哀、平靜和狂怒等複雜豐富的臉部表情，透過它們可以看出一個人的精神生活和內心變化。因此，人的臉部表情通常被看作其靈魂的鏡子，透過這些不同的表情，你可以清晰地看清他人的內心世界。

### ① 悲哀和痛苦的表情

表情**苦惱的顯著特點是拉長面孔、臉部肌肉鬆弛，最明顯的是臉的兩側會自然垂落，眉頭可能深鎖。**由於兩側肌肉的下拉作用，眉眼就出現傾斜現象，這種情緒達到極點時會哭泣。

哭泣的動作始於皺眉，悲哀、痛苦等情緒最早顯露於此。男人會掩飾哭的行為，但是皺眉卻很常見。接下來是閉眼，悲哀、痛苦以及驚恐時，人們大多會有閉眼的動作，這一動作可以用於掩飾。

我們常常看到有人在快要哭時強忍著不閉眼，這時眼淚可能會流出來，揭露其感情。

皺眉

肌肉鬆弛

　　因為**眼淚是由眼部肌肉收縮，壓迫淚腺分泌而來，很多情況下流淚是不受意志支配的**。人們控制眼淚的能力只在情緒不是很強烈時起作用，如果情緒再強烈一些，嘴角會開始抽搐。

　　當情緒已經無法承受時，臉部所有的肌肉都會配合運動：嘴部的動作是嘴唇不能自主地外翻，從嘴巴向四面拉伸；鼻孔因受到牽引而擴大，鼻翼翕動。伴隨著以上動作的可能還有出汗、臉色蒼白、渾身戰慄等；劇烈地哭叫以後，頭皮、面孔、雙眼都會變紅。

② 憂鬱、擔心、絕望的表情

　　嘴角下垂是由於嘴角下掣肌 (depressor muscle) 的作用，這是憂鬱、擔心、絕望的特徵。憂鬱的時候身體代謝會變慢，如果時間過長的話會消耗很多體力；表現在臉孔上首先是眼圈發黑，其次是臉色暗淡，有時候發青、沒有血色、光澤，形成一副無精打采的表情。

③ 開心、喜悅的表情

眼睛放大

嘴角上揚

　　高興的時候大多會用笑來表達。開心時會微笑，即便不微笑也會兩眉舒展，眼睛、口角上揚的，臉部顯得安閒、平靜，尤其是眼睛綻放興奮的光，臉部肌肉紅潤有光澤。開心的程度還可以從笑的程度表現，大笑時是最高興的，發出爽朗笑聲的人一般較開朗，常常大笑的人更是如此，但是心態上較為內向的人一般只用微笑來表示高興。

④ 反省、思索的表情

　　眼睛直視是思索時的表情，這時候眼睛直視的對象可能是正在面臨的難題，也可能只是一個虛無縹緲的空間，很少眨眼或者不眨眼。

　　反省的表情與思索基本一致，只是表情動作更多一些，比如皺眉，這是因為**反省的行為往往伴隨著自責的痛苦**，還要盡可能排除干擾，使立場中立。表情持續時間過長時，身體的肌肉緊張，同時呼吸急促。

⑤ 失神的表情

　　人在遭受打擊後，可能會心灰意冷、毫無鬥志。這種情況下，臉部的

表現為：眼睛微微張開，頭部也會稍微抬高，視線望向遠方，目光比仰視時要低一些，**眼神空洞**，有時還以手扶額；因為失神使頭部血液循環改變，造成不適感，所以用手去緩解。

⑥ 怨恨而盛怒的表情

怨恨是不滿和厭惡達到更高程度的情感，它的表現為被激怒的情緒狀態。**當人們被激怒時心臟的血液運行加快，臉色因此漲紅，靜脈血管擴張，額頭會暴起青筋，雙唇緊閉、牙關緊咬。**這時可能會有暴力傾向，要小心被傷害。

有的人還會撇嘴或是收縮雙唇，進化論者達爾文認為這兩種表情與動物的表情有繼承關係，因為在人類社會完全找不到它們的用途。

⑦ 厭惡的表情

最能引起人們厭惡的感覺是味覺，品嚐到惡臭或其他難以忍受的味道時，會引起胃痙攣感覺要嘔吐；其次是嗅覺和觸覺，當難聞的氣味刺激鼻腔，或者觸摸到能使人聯想到反感的東西時也會感到噁心。

有時候視覺也能喚起厭惡，例如看到自己不喜歡的畫面，除了生理的原因，有時候極度輕蔑也可以引起一種與噁心十分相似的感覺。

厭惡大多是由味覺引起的，因此主要表現在嘴周圍的運動。從觀察可以發現，厭惡的主要表現為撇嘴或者不停地吹氣，有時候還會伴隨咳嗽聲，嚴重時會有嘔吐的動作。

有時為了瞭解真相，需要不厭其煩地找相關的人員瞭解、詢問，但並不是所有的人都會配合。因此，這些被打擾的人會露出這種表情也不足為奇。

⑧ 驚異、驚愕的表情

當人們遇到不曾預料到的突發事件時，往往就會露出驚異的神色，如果程度加深就變成了驚愕。驚異的表現跟恐怖非常相似，一般表現為眉梢上揚，眼睛和嘴巴都大大地張開。由於眉毛上揚，不但眼口張開，而且在額頭上堆積了一些皺紋，從皺紋的多少可以判斷出驚異的程度，但皺紋的多少也會因年齡等因素而不同。

有的人小小吃驚的時候會微微皺眉，口張開成圓形，像在發出「噢」的聲音，也有的人習慣用手去觸摸嘴或其他部位。驚奇於美好事情的時候，臉上常帶笑容。

皺紋明顯

嘴巴張開

驚愕是程度更高的一種情緒狀態，與驚異的表情大致相同但是卻更誇張。同時，由於**驚愕是一種積極的情緒，所以當這種情緒出現時，心跳會有不同程度地加速。**

### ⑨ 慚愧的表情

自我感覺不如人或者有錯誤被糾正時，都會有慚愧的感覺，這時通常會眼神**迴避**，往往**不敢正視**，眼睛向下看者較多，或是視線不停地左右移動。此外，臉紅也是慚愧的重要特徵。由於錯誤使人心虛，因此也能明顯地表現在眼睛上，眼神會顯得慚愧，因此這種表情也是謊言判斷的一種依據。

瞭解上述這些不同的表情，就可以幫助我們更清楚地分析別人的臉部變化，讓我們更透澈地洞悉別人的內心世界，從而牢牢掌握與他人交往中的主動權。

還記得眉毛揚起代表什麼嗎？

# 小動作，鑑別真偽的測謊機

對於他人的言行真偽存在懷疑時，最習慣使用的辦法就是觀察對方的小動作

　　小動作主要出現在三個地方：**臉部、聲調和身體姿態**。其中，臉部是最有效的表情器官，我們的臉部表情主要表現為眼、眉、嘴、鼻、臉部肌肉的變化等。

　　語言本身可以直接表達人的複雜情感，如果再配合恰當的聲調（如聲音的強度、速度、聲調、旋律等），就可以更加豐富、生動、完整、準確地表達情感狀態，展現文化水準、價值取向和性格特徵。人的情感狀態、能力特性和性格特徵有時可以透過身體姿態來自發地或有意識地表達出來，從而形成身體表情。當人處於強烈興奮、緊張、恐懼、憤怒等狀態時，往往會抑制不住身體的一些小動作，演員則經常使用誇張的動作刻意表達角色的情感變化，這三種表情方式我們可以統稱為神態。

　　若是人們對於他人的言行真偽存疑時，最習慣使用的辦法就是觀察對方的小動作。毫無疑問地，此時這些動作也就成為了鑑定真假的測謊機。在西方國家，人們十分信賴這種判斷方式，有時甚至超過自己對客觀事實的分析能力。那麼，如何才能從一個人的神態去判別他的真實意圖呢？以下列舉了幾種可供參考的辦法：

想想看，這些動作有何含義？

| 小動作 | 代表含義 |
|---|---|
| 嚥口水 | 說話時不停地嚥口水，那麼基本上就可以斷定他在說謊。無論對方說了些什麼，如果期間出現了艱難的吞嚥動作，這幾乎洩露了一個信號——對方目前並不愉快。 |
| 打哈欠 | 說話的時候打哈欠，代表他們對內容感到厭倦，但更深層的含義可能是一種不願面對困難、痛苦以及緊迫問題時的一種逃避辦法。 |
| 輕觸鼻子 | 撒謊的時候會做出的舉動之一。美國前總統柯林頓爆發性醜聞時，研究人員發現只要他撒謊時，眉頭會在謊言出口前微微一皺，而且每4分鐘觸摸一次鼻子，在陳述期間觸摸鼻子的總數達到26次之多；但如果誠實地回答提問，就完全不會觸摸自己的鼻子。 |
| 觸摸眼睛 | 目的是企圖阻止眼睛目睹欺騙、懷疑和令人不愉快的事情，或者是逃避。男人一般會使勁揉搓眼睛，如果是掩蓋一個彌天大謊，則很可能把臉轉向別處。相較之下，女人較不會做出揉眼睛的動作，她們一般只是在眼睛下方溫柔地輕輕一碰。 |
| 抓撓耳朵 | 這是撒謊者經常在擔心對方責難時做的一個動作。許多小孩為了逃避父母的責罵時會用雙手摀住雙耳，抓撓耳朵的手勢則是這一身體語言的成人隱藏版。和觸摸鼻子的手勢一樣，抓撓耳朵意味著當事人正處於焦慮狀態中。 |
| 拉拽衣領 | 撒謊會使敏感的臉部與頸部神經組織產生刺癢的感覺，於是人們會藉由摩擦或者抓撓的動作消除這種不適。這是因為撒謊者一旦感覺到聆聽者的懷疑，增強的血壓就會使脖子不斷冒汗。 |

另外，人在說謊的過程中，潛意識也會散發出一種緊張的能量，從而使口中所說的語言與臉上的神態互相矛盾，甚至會刻意地用微笑、眨眼或做鬼臉來掩飾，但他不知這種故意為之的身體語言無法和原本該有的神態達成一致，反而在不經意間讓自己露出馬腳。

# 表情，隱藏在臉孔下的訊息

臉部表情可比其他媒介傳遞更多精確的情感訊息，往往是發現他人內心世界的最佳突破口。

每個人都經歷過喜、怒、哀、樂、憂、思、懼這七種基本情感，人們一般會用語言來表達這些情感，但實際上，語言遠不能準確表達內心所想。比如你說「我很高興」，但「高興」這個詞不能涵蓋你情緒中可能有的欣慰、滿足、意外等情緒，而臉部表情卻能更準確、更直接地表達人的情感，能夠造成一種只可意會不可言傳的效果，這是語言所無法比擬的。

> 臉部表情是十分重要的非口說語言社交手段
>
> 它能**表達多種複雜的訊息——愉快、冷漠、驚奇、誘惑、恐懼、憤怒、悲傷、厭惡、輕蔑、困惑不解、剛毅果斷等**。社交活動中，臉部表情可比其他媒介傳遞更多精確的情感信號，臉部表情往往是發現別人內心世界的最佳破口。

對專家而言，察言觀色後得出隱藏在面孔下的訊息並非難事。2001年911事件中，機場安檢出口設置的攝影機已經把 19 名自殺式恐怖分子的登機情況錄下來，但安檢人員根本就沒發現這些恐怖分子臉上的表情非常奇怪，和平常人迥然不同，如果安檢人員有做相關的培訓，也許這場悲劇還沒出演就會提前結束。

① 表情顯示你的心態

表情是情緒的「晴雨表」，透過表情我們可以觀察到與我們交談的對象言語之外的反應。眉飛色舞、笑逐顏開，標誌著談話氣氛非常融洽；怒目而視、左顧右盼則說明談話進行得並不順利。當然，一些細微的表

情變化也可以顯示對方是否對話題感興趣，是否願意繼續下去。比如眼神方向可以提示對方是在傾聽、思考還是漠不關心，**嘴唇緊閉提示要下決心，青筋暴露則說明馬上就要發怒，該採取應急的措施了。**

表情會因很多因素的不同而有差異，比如性別、年齡、文化等。但一般來說，單一的表情還是容易判斷，最難判斷的是幾種表情同時出現。

② 表情透露你的性格

表情能夠清晰、直接地表達一個人的內心活動，所以我們可以推測經常有某種表情的人也就長期處於這種心態中，而他的性格類型也就很明顯了。

經常保持笑容的人多半性格開朗、樂觀活潑、心胸寬廣、為人熱心；而平時鮮少出現表情的人，即使旁人哄堂大笑，他也只是淺淺微笑，這種人的性格較沉悶、內向，待人處世小心謹慎，他們不希望被窺破心思，這代表他們內心對外部環境存在著不安全感，自我保護意識很強烈。

經常皺眉的人生活態度有些消極，他們通常只看到事物不好的一面，所以總是對周遭的人事物不滿；經常撇嘴唇的人則有一種傲慢的態度，他們對事物通常抱持否定意見，並且有些以自我為中心。

③ 表情可以幫助你去偽存真

由於各種各樣的原因，人們在交談時並不一定完全說出自己的真實想法，這樣一來，交流的品質就會大打折扣。

這個時候表情就可以幫助正確理解對方的真實意圖，因為多數表情並不受意志支配。**當一個人想隱瞞真相時，會使口說語言偏離真實意圖，但這時候表情可能會背叛他，揭露被掩蓋的事實。**

比如，當員工對老闆不滿時，雖然他嘴裡說著得體的話，臉上卻會露出不滿的表情，或者至少是被掩蓋的。除了口說語言會掩蓋真情之外，人們還會使用表情

來掩蓋真實的感受或意圖。

由於不同的人做各種表情時始終存在差異，如果我們想深入地瞭解這些表情的含義，還需要瞭解以下差異：

| 差異性 | 背景含義 |
|---|---|
| 性別差異 | 我們長到七八歲的時候就開始有了性別意識。一般來說，男孩子會被告知要堅強一些，所以那些有損於男子漢形象的表情就要掩飾起來，不能輕易哭，眼神也不能太游移不定，不要跟人有過多的目光接觸。女孩子則被告知應該多看別人，維持目光的接觸以建立廣泛的社會關係，同時也可以不必太堅強，可以流淚和撒嬌。 |
| 個性差異 | 性格外向的人與別人目光接觸多於內向的人，看別人的次數也多。目光接觸多的人比較有吸引力，顯得友好、自信、真誠、成熟；目光接觸少的人顯得冷淡、消極、多疑，和不成熟。 |
| 文化差異 | 在西方一些國家，眨眼是一種感興趣的表示，而在一些華人地區，對陌生人眨眼則是一種挑釁行為，對女人眨眼更是不行。在一般的國家和地區裡，點頭是同意、贊成的表示，搖頭則表示否定。 |
| 環境差異 | 人們所處環境會影響表情的變化。交往屬於秘密進行時，由於說話聲音低，表情動作幅度就比較大；在公眾場合傳達秘密或令人羞怯、難堪的訊息時，表情動作幅度就小。談論大家感興趣、讓人感覺舒適或者興奮的話題時，目光接觸頻繁；話題讓人感到羞愧、內疚、悲傷時，目光接觸就少。 |

此外，注視也能影響對方接收訊息的品質，注視會顯示說話者更有經驗、更友好、更有威信，掌握更多的情況。在演講和講課時，如果演講者能跟聽眾有比較多的對視的話，聽眾的注意力就比較集中。跟老師對視較多的學生學習成績也就會更好。

實際案例

　　國外某家精神病院週末一般允許病人回家探望，但需要醫生根據病人的情形簽字後方能出院。在某個週末，有位女病人要求回家，起初她的表現還非常正常，但是細心的醫生發現她流露出一絲不易覺察的絕望神情，她的嘴角向下，而眉毛卻向上拱起，在這個表情消失之前一個微笑又浮上臉頰。

　　根據這些表情資訊，醫生沒有批准她回家，後來發生的事證明醫生的判斷是正確的，這個女人大喊大叫起來，歇斯底里地往外衝，嘴裡嚷嚷：「讓我回家，我要死在家裡，讓我死在家裡！」她已經有了回家自殺的計畫，而醫生的敏銳發現了謊言背後的真實。

# 眉毛，心情變化的對照表

雙眉的舒展、收攏、揚起、下垂可反映出人的喜、怒、哀、樂等複雜的內心活動。

眉毛的功用是保護眼睛，但它還能傳遞人心理行為的訊息。人的心情變化會讓眉毛也跟著改變。在許多文學作品裡，就有許多透過眉毛來形容人物心理的詞彙，如眉飛色舞、眉頭緊鎖、喜上眉梢、眉目傳情……人們常說，眼睛是人生的一幅畫，那眉毛就是畫框。

眉毛在臉部佔有重要的位置，不僅具有美容的作用，還可豐富臉部表情。想要藉由一個人的表情瞭解一些潛在的訊息，那麼眉毛就是你最佳的選擇。

① 皺眉

一個人會把眉頭皺起的原因很多，比如**當一個人對對方所提出的問題迷惑不解或者是否定的時候，會情不自禁地皺起眉頭**；如果是遭侵略、恐懼時也會皺眉，在這種情況下，人不僅會低眉，還會將眼睛下面的面頰往上擠，以提供最大的防護，這時眼睛仍睜著並注意外界動靜，便形成了皺眉的動作。

眼睛周圍的肉上下壓擠的形式，是在面對外界攻擊時最典型的本能反應，當然如果是突然遭遇強光，也會出現這種皺眉的動作。

一般來說，眉頭深皺的人都是很憂鬱的。他們基本上是想逃離目前所處的境遇，卻經常因為某些原因不能如願。

如果一個人大笑的同時皺眉，說明這個人的心中其實是有輕微的驚恐和焦慮，他的姿態洩露出明顯退縮的信號。雖然他的笑可能是真的，但無論他笑的對象是什麼，都給他帶來了相當的困擾。

② 揚眉

這個表情分為雙眉上揚和單眉上揚。**雙眉上揚，是人在極度欣喜或者**

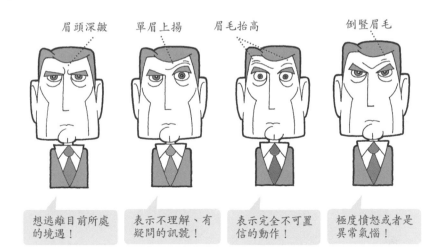

| 眉頭深皺 | 單眉上揚 | 眉毛抬高 | 倒豎眉毛 |
|---|---|---|---|
| 想逃離目前所處的境遇！ | 表示不理解、有疑問的訊號！ | 表示完全不可置信的動作！ | 極度憤怒或者是異常氣惱！ |

**驚訝的情況下才有的眉毛神態**，在這種情況下心情起伏一定比較大。如果你想告訴對方什麼事情的話，最好等他的心情平復。**單眉上揚，是表示不理解、有疑問的訊號，說明他正在思考問題**。

③ 聳眉

該表情是指眉毛先揚起，停留片刻後下降的一種動作，通常還伴隨著嘴角迅速往下一撇，而臉上其他部位卻沒有什麼明顯的變化，這表示的是一種**不愉快的驚奇或者是無可奈何**。另外，在強調自己觀點的時候，也往往會出現這種動作，目的是要讓你贊同他的觀點。

④ 眉毛閃動

這個表情是指眉毛閃動，眉毛先上揚，然後在瞬間下降，表示一種友善。當情侶相見的一剎那往往會出現這種動作，而且常會伴隨著仰頭微笑或者擁抱。眉毛閃動如果出現在對話裡，則是為了加強語氣。每當要強調一個字時，眉毛就會揚起並瞬間落下，這是在表示：「你最好記住我所說的每一個字。」

⑤ 眉毛抬高

該表情分為眉毛完全抬高和眉毛半抬高。**眉毛完全抬高是表示完全不可置信的一種動作**，當接觸一件不可思議的事的瞬間，我們就會有這種

眉毛表情。眉毛半抬高表示「大吃一驚」，和完全抬高有相似之處，只是程度不太一樣。

### ⑥ 眉毛降低

此表情分為眉毛半降低和眉毛完全放下。**眉毛半降低是很不理解的姿態，對對方所做出的舉動存在著一定的疑惑。**眉毛完全放下表示非常生氣，已達到了「怒不可遏」的程度，如果誰在這個時候還去惹他，那就等於是老虎嘴上拔牙——找死。

### ⑦ 倒豎眉

眉毛倒豎、眉角不順，說明此人極端憤怒或者是異常氣惱，說不定是有人背叛了他或者是某件事被人耍了。

### ⑧ 眉毛上下活動

說明心情愉悅、內心舒暢或對你表示親切，在對你的觀點表示贊同的時候也會以這種動作來表示。

### ⑨ 鎖眉

鎖眉時常發生在一個人感到焦慮、悲傷、專注、擔憂、不知所措或氣憤的時候。不過，這種行為的含義要視其環境而定。

隨著我們年齡的增長和生活閱歷的日益豐富，我們前額上的犁溝會越來越深，並最終成為永久的皺紋。我們知道，經常微笑的人嘴角會留下微笑線，那是積極的潛語言行為累積的結果，它反映的是一段幸福的人生。同樣的道理，眉毛緊皺的人很可能有一段波折的人生。

### ⑩ 舒眉

正好和鎖眉相反，此時的心情比較愉悅、坦然。

總而言之，眉毛的變化豐富多彩，藉由眉毛的變化可以深入地瞭解到一個人心情變化的過程，因此眉毛也被譽為「心情變化的顯示器」。

# 嘴唇，豐富的訊息資料庫

嘴巴最基本的功能是說話，它在臉部居中且明顯的位置，不同的嘴型和動作在臉部表情中蘊涵著豐富的含義。

我們一出生就會用嘴吸奶，因此在成長過程中，嘴也與我們的情感心理緊密地聯繫在一起。雖然嘴最基本的功能是說話，但卻在我們面孔佔據居中且明顯的位置，我們經常會呈現不同的嘴型和動作，其在臉部表情中蘊涵著豐富的含義。

正如我們前面所述，說話的真實意圖不一定在於言辭之間，除了表情與眉毛之外，嘴唇也是一種獲取對方心理活動的有效渠道。嘴唇、眉毛和臉頰都能說明一個人的思想狀態，那麼嘴巴是如何把表情密碼表現出來的呢？

上下兩片嘴唇構成的嘴，除了會「撅」能「咧」外，還可以做出諸如「努嘴」、「挑嘴」、「撇嘴」等各種神態，嘴巴的潛語言遠遠超過了口說語言的作用，它可以「一言不發」地告訴你一切。

## ① 擠壓嘴唇

擠壓嘴唇反映的是壓力或憂慮，嘴角下拉時，情緒和自信都會跌至谷底，而憂慮、壓力和擔心等會急速上升。**面臨壓力的人總是習慣把嘴唇藏起來，在此狀態下，擠壓嘴唇是很常見的一種反應，就像是大腦在告訴我們閉上嘴巴，不要讓任何東西進入我們的身體。**

嘴唇的擠壓也是一種消極情感的反映，它清楚地表明一個人遇到了麻煩，或某些地方出了問題。這種行為很少有積極含義，但是這不表示做這一動作的人存在某種欺騙行為，只能說明他們當時壓力很大。

## ② 嘴唇縮攏

嘴唇縮攏或將嘴努起來通常是不同意的表現，當然在轉變想法時也常常會這樣做。可以仔細觀察一下，自己或別人說話時有沒有人做出縮攏

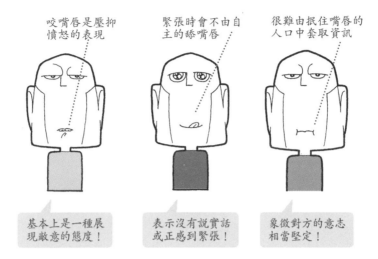

咬嘴唇是壓抑
憤怒的表現

緊張時會不由自
主的舔嘴唇

很難由抿住嘴唇的
人口中套取資訊

基本上是一種展
現敵意的態度！

表示沒有說實話
或正感到緊張！

象徵對方的意志
相當堅定！

嘴唇的動作？如果有，說明這個人不同意你所講的內容，或是他正在醞釀著轉換話題。瞭解這一信號，將有助於我們繼續自己的描述、調試自己的提議或主導一段談話。

在談判現場經常會看到嘴唇縮攏這種動作，**當一方陳述時，如果對方不同意該陳述的話就會做出這樣的動作。**

在商業活動中，嘴唇縮攏的動作更是屢見不鮮。比如，當有人讀出合同上的某一段內容，反對者會立刻縮攏他們的嘴唇。

另外，在討論晉升人選的過程中，當提及不太受青睞的名字時，有些人就會縮攏嘴唇。

③ 咬嘴唇

咬嘴唇常常是一種壓抑內心的憤怒，或者怨恨的表情，**基本上這是一種表達敵意的安全方法**，搖頭的時候咬著下嘴唇是非常憤怒的表現。

已故的戴安娜王妃就常常咬嘴唇，很多照片都證實了這一點，她可能是試圖用這種方法來表達對侵犯她隱私的記者們不友好的情緒。

另外，當我們遭遇失敗等情形時，「咬嘴唇」的動作也可以作為自我懲罰型的身體語言。

④ 舔嘴唇

　　舔嘴唇有很多原因，可以說明某人沒有說實話或者正感到緊張，一般來說**當人們感到緊張的時候，嘴唇會變乾，所以他們會不由自主地透過舔嘴唇來產生唾液**。經常喝酒或抽菸的人嘴唇也容易乾燥，所以他們往往也愛舔嘴唇。

　　舔嘴唇還可能是一種調情的習慣，根據做出這個動作以後的誘惑程度來看，它可能是想用一種性感的方式來吸引別人的注意。

⑤ 抿嘴

　　說話時**嘴抿成「一」字形，表明他是個意志堅強的人**。常常將嘴抿成「一」字形，那麼將很難從這個人的口中得到想要的信息。所以說，一個人堅定不堅定從說話時的嘴型上便可看出來。

　　根據這一發現，如果老闆交代下屬去做一項棘手的業務時，不妨注意觀察他的嘴型。

⑥ 扁嘴

　　下嘴唇較突出靠前是一種不舒服、心煩的表現。如果一個人真的不開心的時候，或者避免遭遇危險（示弱）、尋求同情或幫助時，就會出現這樣的表情。


　　從上述我們可以看出，嘴唇除了說出有聲語言外，也能為我們提供很多有價值的信息。當然，嘴也受大腦的操縱，會向我們傳遞一些虛假的信息，比如真笑、假笑和冷笑，如果細心觀察都可以從嘴部看出端倪。因此，在解讀嘴唇的非語言行為時我們一定要格外細心。

# 鼻子，性格特質的指標

思考難題或極度疲勞的時候，會用手捏鼻梁；無聊或遇到挫折時，
則會挖鼻孔。這些觸摸自己鼻子的動作都是自我安慰的信號。

　　雖然鼻子所傳遞的訊息遠遠不如眼睛和嘴豐富，但它也能提供我們一些身體語言訊號，比如人們常聽到「皺起鼻子」這樣的說法，這說明鼻子確實能反應某種情緒。

　　皺鼻子的人常常看起來好像聞到了一種難聞的氣味，這種習慣性的行為很可能有其環境因素，像是吸到一種討厭的氣味而皺起鼻子。

　　這樣的表情如果再加上嚴肅的神色則表示出一種厭惡和輕蔑的態度，從根本上講是一種傲慢、對別人不屑一顧的態度，也就是「嗤之以鼻」所形容的。另外，如果在鼻子兩邊有明顯皺痕，在一定程度上則反映了他們對周圍不滿的情緒多一些。

　　鼻子除了能表達輕蔑和厭惡外，還可以表現出傲慢，「傲慢的」表情是以某些人有仰頭習慣為基礎的。抬起的鼻子是一種背離重力的姿勢，同時也是一種高度自信的潛語言行為。在歐洲，那種將鼻子高高抬起輕視別人的動作可謂屢見不鮮。

　　有一次，法國的電視節目中就播出了這樣的畫面，當一位政客被問及一個他認為有失身分的問題時，他所做的就是抬頭，然後以鼻孔對著那個記者說：「我想我不會回答這個問題。」這種情況下，他的鼻子就反映了他的輕視態度。

　　那些鼻子朝天、神氣活現而且又不直接正視別人的人，所表現的就是不想和你交往又希望佔你上風。這表示出一種傲慢的態度，希望看你的頭頂而不是與你的目光直接接觸，遇到有這樣一種行為的人就得小心提防！

　　鼻孔張大也是一種明顯的潛語言訊息，它表示一個人**情緒的高漲**。面對親密伴侶，興奮和充滿期待時，他們的鼻孔就會張大。

　　此外鼻孔張大還是一種意圖線索，這個現象表明了一個人**將要做出某一行動**。如果看到有人同時做出下列幾個動作：**注視下方、雙腳擺成「戰鬥姿勢」、鼻翼擴張**，就可以懷疑這個人可能會做三件事：**爭論、跑開或打架**。

### 鼻子是判斷自我安慰的觀察重點

　　鼻子的語言訊息除了其單獨能表現出的不同含義外，配合其他身體語言時又能表現出不同含義。比如，思考難題或者極度疲勞的時候，人們會用手捏鼻梁；無聊或者遇到挫折的時候，則常用手指挖鼻孔。這些觸摸自己鼻子的動作，都可視為**自我安慰**的信號。

　　當遇到他人提問難以答覆的問題，我們想要掩飾內心的混亂而敷衍應付時，手就會很自然地挪到鼻子上摸、捏、揉它，還可能特別用力地壓擠它，好像內心的衝突會給精巧的鼻子造成壓力而產生一種幾乎不自覺的搔癢感，以至於我們的手不得不來「救援」，想要使它平靜下來。

　　這種情形常出現在不會撒謊的人的臉部表情上。

鼻子癢癢的……

# 下巴，內心的投影機

藉由觀察下巴的動作，尤其是在判斷別人的情緒狀態方面
很有幫助。

---

每個人的下巴形態有著相當大的差別，所以從下巴的不同動作也可以看出某些人的心理狀態，**當人的自信心下降或擔心時，他的下巴就會往裡縮，進而帶動鼻子向下；當人處於某種積極狀態時，他的下巴就會向外伸，鼻子也會抬高。**

由此可見，下巴的動作雖然細微，卻可以影響他人對你的印象。如果你不相信的話，不妨對著鏡子仔細觀察一段時間，你就會發現將下巴抬高或縮起都會產生不同的印象。經由觀察下巴的動作來判斷別人的情緒狀態方面很有幫助。因此，下巴也成了可以投射內心的「投影機」。

① 表示無聊的下巴

假如某人**用手托著下巴，這意味著此人是想集中注意力，或者把注意力集中在說話的人身上。**儘管此人是一副若有所思的樣子，可是實際情況是他確實感到很厭煩，所以只好支撐著腦袋好讓自己精力集中一些。

② 表示生氣的下巴

生氣的人下巴往往會向前撅著，而這一般是在表達威脅或者敵意。在我們身邊這樣的下巴也經常出現，不信的話你就注意一下那些不想按照吩咐做事的小孩，他們在回答「不」之前做的第一件挑戰的動作——撅起下巴。我們大多數人會把這個動作帶到成人時期。當我們**被冤枉或者要責備某人的時候，我們就會不由自主地撅起下巴。**因此，在和別人談話的時候，我們也可以透過觀察對方的下巴來判斷他是不是生氣了。

③ 表示恐懼的下巴

縮著下巴表現出的是恐懼。**往後縮下巴是一種保護性的反應**，這很像烏龜把頭縮進殼裡；在看恐怖電影的時候，我們往往縮成一團，下巴都

要縮進脖子裡了。假如你看到某人縮著下巴離開，那麼他可能害怕你或者感到受到了你的威脅。

④ 表示懷疑的下巴

　　當某人懷疑你說的話的時候，常常會摸著或托著下巴，下意識地克制自己不說話，代表著他不相信你。聆聽者做摸下巴姿勢，實際上他是在說：「我不相信你，出於禮貌，我又不想說。在說與不說之間，我很矛盾。為緩解矛盾，我得做一個輕緩的自我安慰動作，而摸摸下巴可以讓我放鬆自己。」說話者往往不會注意此種複雜信號，只一股腦地口沫橫飛，通常對「你說服不了我的」這一暗示視而不見。

⑤ 表示否定的下巴

　　如果某人只是漫不經心地以一隻手的指背輕彈下巴數次，同時頭向後仰，這說明他可能對你所談論的內容感到無趣，甚至對於你本人都持有否定的態度。如若不然，則是他想要表現出盛氣凌人的冷淡之意。

⑥ 表示求助的下巴

　　當你發現別人用右手手指輕托下巴的時候，那麼他可能正是陷入窘境之時。此時此刻，他可能很需要你的幫助而又不知該如何開口。

# 笑容，飽含深意的溫度計

雖然笑是最常見的表情，但也是含義最複雜的身體語言。在現實
生活中，笑的種類各有不同，笑的內容也是豐富多彩。

　　笑容是身體語言中最重要的一部分，通常笑是愉快的情緒象徵，滑稽的事情在不愉快的情況下也能引發笑，有些時候痛苦到極點的人也用大笑來發洩悶氣。

　　除了高興的時候，笑還會在其他情況下出現，比如嘲笑、冷笑、苦笑等，這些笑的表現形式跟高興的笑有著顯著的不同。

　　人們不同的笑容其表現的特徵也各不相同，比如嘲笑的時候臉部肌肉不那麼興奮，尤其是眼神裡面會有一點嘲諷；冷笑時一般帶著鼻翼冷漠地翕動，上唇的中央部分上揚，而不是像高興時那樣嘴角上揚；苦笑的特徵更加不同，因為那笑容看起來很勉強，而且除去這點勉強的笑容以外，其餘臉部表情完全是痛苦或者無可奈何。

　　雖然笑是最常見的表情，但也是含義最複雜的身體語言。在我們的現實生活中，笑的種類各有不同，笑的內容也是豐富多彩。

① 微笑

　　微笑最顯著的特徵就是它的感染力。當你**微笑的時候，別人也會跟著笑，而且彼此之間的緊張感也會消除，你會發現別人將對你敞開心扉。**因此，你會結識更多的人，因為別人覺得你容易接近。法庭裡的一項研究表明，法官往往會輕判那些辯護時面帶微笑的犯人，而那些辯護時面無表情的犯人則享受不到這一優待。

　　不過，微笑也是要分場合的，在輕鬆愉快的氛圍中，面帶微笑無疑將獲得別人的好感和支持；但如果在不適宜笑的場合微笑的話，往往會給你自己增添很多不必要的麻煩。

　　美國前總統吉米・卡特就曾發生過這樣的經歷。只要他出現在電視裡

微笑是一種典型的發自內心的笑容。

完全放鬆的情況下才會放聲大笑。

皮笑肉不笑的特徵是左右臉龐的表情會不對稱。

微笑的時候，別人也會跟著笑，彼此之間的緊張感也會消失！

通常發生在盡情歡樂的情況下，嘴巴張開，上下牙齒均能看見！

通常是一個人在假裝欣賞別人的笑話或言論時所產生的笑。

談到正在發生的伊朗人質危機的時候，臉上總是會掛著不安的微笑，這讓很多觀眾感到極不舒服，而且也降低了總統發言的可信度。大多數美國人都在想：「為什麼在面對如此可怕的事情時，這個人還笑得出來？」大家沒有意識到的是這位前總統是在用不合時宜的笑容來表達他對這一事件的不安。

他嚴肅而又悲傷的話語和他那開心、快樂的臉部表情極不協調，這對一位領導人來說表現得不夠誠懇。因此，很多人都認為因為他缺乏臉部表情的交流技巧，所以他失去了連任機會。

透過以上論述，我們知道笑雖然只有聲音而沒有語言，但藉由笑的方式，我們可以讀出「聲音」背後的諸多「語言」。因為笑是人與人溝通中出現次數最多，也最能夠表達溝通意圖的潛語言。

無論是在何種文化的影響下，人在撒謊時會比平時笑得少，或者根本不笑；而那些清白無辜的人說真話的時候，反倒會增加微笑的頻率。這是因為從本質上來說，微笑深植人們妥協與順從的心理。

所以，那些誠實清白的人會試圖以真誠的微笑來面對反對者激動的心境；而出於抗拒心理，那些經常說謊的人則會減少微笑以及其他肢體動作避免暴露自己。

同樣的道理，當你駕駛至紅綠燈前時，一輛警車停在了你車旁——這個時候即使你沒有違反交通規則，警車的出現也會讓你感到惴惴不安，於是你會反射性地馬上堆起滿臉的笑容，而這也有力地證明了微笑完全可以由意志所控制。

② 輕笑

也有人將這種笑容稱之為「招呼朋友的笑」，它常被用來作為朋友相遇、親人相見時一種欣喜的招呼。這時候的嘴巴通常只微微張開，只有上面的牙齒露出來。

③ 大笑

大笑通常發生在歡樂的情況下，嘴巴張開，上下牙齒均能看見，並會發出「哈哈」的聲音。這種笑容如果持續時間過長，看起來就會感覺有些不太自然。蝙蝠俠系列電影中反派的小丑，還有許多美國前總統們都十分鍾愛這種笑容，面對觀眾時喜歡利用它營造一種快樂的氛圍，勾起他們想笑的慾望，或是為自己贏得更多的選票。

④ 抿嘴而笑

露出這種笑容時，通常雙唇緊閉且向後拉伸形成一條直線，完全看不見雙唇後的牙齒。這種笑容的內在含義是想**隱藏某個不為人知的秘密，或是他不想與對方分享自己的想法或觀點**。女性在遇到自己不喜歡的人而又不想讓對方知道的時候，通常會露出這樣的笑容。這對其他女性而言，抿嘴微笑其實就**是一種非常明顯的拒絕信號**，但是大多數的男性卻很少能明白這種笑容背後的深意。

雜誌上經常會刊登一些成功人士的照片，從這些照片中我們也能看見同樣的笑容，而那笑容則彷彿在說：「我已經掌握了成功的秘訣，你們猜猜是什麼呢？」在這些人物的訪談中，被採訪的成功男士們大多會談論一些如何獲得成功的基本原則，但是他們當中卻很少會有人將自己獲得成功的具體方法和細節公之於眾。

⑤ 皮笑肉不笑

這種笑一般不是發自內心的，通常是「一個人在假裝欣賞別人的笑話

或言論時所產生的笑」。當人們**刻意用謊言掩蓋事實真相的時候，大多數人（尤其是男性）的表情比平時更加嚴肅**，這是因為撒謊者有意識到這樣一個事實：大多數人都會把微笑和謊言聯繫在一起，所以他們會有意識地克制自己，盡量不露出笑容。

撒謊者的笑容往往比發自內心的真笑來得要快，而且持續的時間也更長，這樣看上去就好像是戴著一個笑瞇瞇的面具。一個人在露出皮笑肉不笑表情的時候，**由於他的左右兩個半腦都希望能使笑容看起來更加真實，所以在意識的控制下，他的左側臉龐與右側臉龐的表情並不完全相同，其中一側的表情會顯得更加誇張**。控制臉部表情的神經元大多集中在右半腦的大腦皮層中，而這部分的大腦只能向他的左半部身軀發送指令。結果，當他刻意地想在臉上堆滿笑容時，左半邊臉部的笑容就會比右半邊臉部更加明顯。

從上述描述中可以看出：笑，最重要的是自然、大方。然而大笑可以有但不可以讓它在臉上久待，不然的話不但臉部肌肉會僵硬，禮儀也不允許，只有精神不正常的人才有可能不停地大笑。微笑是最被人們所欣賞和接受的笑的形式，但是也要符合時宜。

# 舌頭，吞吐間掩藏的秘密

以舌頭為媒介的身體語言，是一種普遍性的語言，不論是東西方做這種動作的意義完全相同。

舌頭儘管是體內的一個器官，但因為它有時會露在外面，因而它也是身體語言裡的媒介之一。**以舌頭為媒介的身體語言是一種普遍性語言，不論是東西方做這種動作的意義完全相同。同時以舌頭為中心的身體語言，它的意義之所以具有普遍性，乃是起源於人類普遍的生物性。**

大家都知道，舌頭是吸吮索食的媒介；當嬰兒吃飽時，他就會用舌頭把自己的小嘴從母親乳頭推開。如果嬰兒不餓卻硬要餵食，他就會把頭搖來搖去避開；若嬰兒非常飢餓，餓到十分焦慮恐慌，他就會緊緊咬著母親乳頭不放，咬到母親乳頭才覺得安全。而在餵食嬰兒時，無論是給他乳頭還是食物，嬰兒在吃之前都會先用舌頭來試探。

所有這些嬰兒的動作裡，顯示出**舌頭具有解除飢餓的焦慮與滿足，食物探尋慾望的快樂與拒絕等層次上的意義。**也因此這樣的意義代表了生物本能的一部分，遂衍生出與口腔舌頭有關的許多普遍性動作。例如許多敏感、脆弱、帶點神經質的人，在兒童時期一緊張就會吮手指、咬指甲，求學時就喜歡咬鉛筆，長大以後，諸如原子筆、香菸、雪茄等莫不是能咬就咬。其實他們在做這些動作時，並不是只用牙齒，他們的舌頭也配合著在輕輕地舔，只是因為舔的動作被隱藏在口腔內所以沒那麼明顯，所以才說這種動作是「咬東西」，而這種「咬東西」的動作追根究底就是嬰兒飢餓時緊咬母親乳頭才覺得心安這種原始本能的再現。因此**「咬東西」是一種「口腔安慰」裡的「自我安慰」，它是嬰兒時期因為某些不知道的原因而形成的習慣性焦慮所造成的。**

除了「咬東西」的動作外，人們在接吻，或者有時候面對某種情慾場合時，會嘴巴半閉、微露舌尖，而舌尖則在齒縫裡游移微顫。

這種與舌頭有關的「情慾動作」同樣起源於嬰兒時期。最初嬰兒的慾望尚未性別分化，食物的慾望即是慾望的全部，他在被餵食時用舌頭探索，被母親嘴對嘴餵食時，進一步地用舌頭尋找快樂。這種嘴對嘴餵食的滿足慾望，在鳥類餵食以及黑猩猩餵食裡也都可以找到證明。

在性別分化後，這種嘴對嘴的快樂關係遂被轉移到接吻，以及用**微露舌尖的動作等視為慾望象徵，看到美味食物以微露而顫動的舌頭表示渴望**；看到讓人在性本能被撩起感覺的對象或是畫面場景，人們也會做出類似的動作，因此這樣的舌頭動作也就成了慾望本能的代碼，是「我要」的信號。

在舌頭的動作裡，最多的是表示「拒絕」的信號。比如，當人們受到巨大的驚嚇，除了目瞪口呆、雙手平舉、掌心向外，經常還會把舌頭伸得長長的，這是一種誇大的「拒絕」動作。

雙手平舉，手心向外，是一種想要把可怕推開的動作，而**舌頭伸得長長的，也和嬰兒用舌頭頂開他不要的食物一樣在表達拒絕**，只是這種拒絕的程度比較大。

由於上述這種動作是人們被嚇到時的身體語言，於是當人要侵犯別人時，就會「己所不欲而施於人」用這種動作來侵犯別人，這就是「侵犯式的吐舌頭」，也就是所謂的「吐舌頭，扮鬼臉」。這種動作之目的在於嚇人，無禮地侮辱人，但它源頭仍是「拒絕」轉化成「輕蔑」。

當人們碰到某種小驚嚇、小緊張、小尷尬，就會吐舌頭，但這種吐舌頭不會太久，很快地縮了回去，這種形態的吐舌頭在各種國家的幼兒園學童身上都非常容易看到。

這樣的吐舌頭所表達的是程度最輕微的拒絕。由於這種動作並無侵犯性，而且多發生在幼童身上，因此這種動作就成為一種「可愛」的表現，用來表達不是那麼嚴重的小緊張、小驚嚇、小尷尬。

而除了上述伸舌頭、吐舌頭之外，還有一種無論老

大多數的情況下，吐舌頭是最輕微程度的拒絕。

幼、不分男女都會做出的動作，那就是當人們專心在做一件事情時，如專心地在解一道數學難題、打電腦或玩電子遊戲，或心無旁鶩地在讀一本書，他們聚精會神時，通常會**把舌頭露出一點再用雙唇緊緊地抿住，一動也不動。這樣的露舌頭模式，其實也是一種本能性下意識的拒絕信號**，它具有「別打擾我」、「別煩我」的意思。它也是與嬰兒用舌頭頂開不想要的食物相同，即用舌頭來表示拒絕。

　　總而言之，舌頭能發出各種信號，同時能為我們提供大量有價值的訊息。比如，當我們感到壓力很大時，就會感到口乾，於是用舌頭舔舔嘴唇好讓它們滋潤些。

　　同樣，不舒服時我們也會用舌頭反覆摩擦嘴唇，以此達到自我安慰的效果，並讓自己冷靜下來。

　　當我們專注於某項任務時，也可能會伸出舌頭。例如，偉大的籃球明星喬丹起身灌籃時就曾做出這樣的動作。

　　露舌尖行為發生在人們僥倖成功的時候，或被發現正在做某件事的時候，舌頭動作的含義是相當豐富的，應根據具體環境而定。

# 3

# 眼睛的「悄悄話」

眼睛是心靈的窗戶，是人體中表達
情感的焦點。在人際交往中，目光發
揮著傳遞訊息的重要作用。不同的目
光反映著不同的心理，產生不同的心
理效果。透過眼睛來解讀一個人的內
心世界，是人們在日常生活中經常使
用的一種方式。

# 你的眼睛會說話

互有好感的兩人對話時，會注視對方的眼睛；話不投機的人相遇，
一般都盡量避免注視對方的目光，以消除不快。

眼睛是最無法掩蓋情感的焦點。古往今來，人們對眼睛一直抱著濃厚的興趣。孟子認為觀察眼睛，就可以知道人的善惡，他說：「存乎人者，莫良於眸子，眸子不能掩其惡。胸中正，則眸子瞭焉，胸中不正，則眸子眊焉。聽其言也，觀其眸子，人焉廋哉。」這說明人是善是惡都能從無法掩飾的眼神裡顯示出來。黑格爾曾說，靈魂集中在眼睛裡。

所以說，眼睛是人類心靈的窗戶，透過眼睛來解讀一個人的內心，也是人們在日常生活中慣用的一種方式。

生活中注意別人的眼睛，即使是當你認為他對你沒有危害的時候也要一直觀察，因為眼睛是我們觀察別人內心世界最好的一扇窗戶，**一個人心之所想，不用言語，從他的眼神中就可以找出答案。**

在生活中我們常常會遇到這種情況，有些人口頭上極力反對，眼睛裡卻流露出贊成的神態；有些人花言巧語地吹噓，可是眼神顯示分明是在撒謊。

透過人的視線同樣可以窺探出人的內心活動，如果內心有什麼慾望或情感，必然會表露於視線上。因此，如何透過視線的活動瞭解他人的心態，對人與人之間交往的心理溝通具有重要意義。

視線的交流是溝通的前奏，一個人的視線可以從不同角度和不同的觀點來瞭解。其一，對方是否在看著自己，這是關鍵；其二，對方的視線如何活動的，直盯著自己或視線一接觸馬上撤開，兩者心理狀態迥然不同；其三，視線的方向，也就是觀察對方是否以正眼瞧著自己，或以斜眼瞪著自己；其四，視線的軌跡，觀察對方究竟是由上往下看還是由下往上看；其五，視線的集中程度，這是指觀察對方專心地看著自己還是

視線飄忽，這些表現所代表的意義各不相同。

不同的目光反映著不同的心理，產生不同的心理效果，一旦被別人注視就將視線突然移開的人，大多自卑有相形見絀之感；無法將視線集中在對方身上並很快收回視線的人，多半屬於內向性格，不善交際。聽別人講話時一邊點頭，一邊卻不將視線集中在談話者身上，表示對說話者和話題不感興趣。將視線集中在對方的眼睛，是真誠地傾聽、尊重和理解；只注意自己手邊的工作沒有看著對方，代表著怠慢、冷淡、心不在焉的流露。仰視對方是尊敬和信任之意；俯視他人是有意保持自己的尊嚴；伴著微笑而注視對方是融洽的會意；隨著皺眉而注視他人是擔憂和同情；面無悅色的斜視是一種鄙意；看完對方突然一笑是一種譏諷；突然圓眼瞪人是一種警告或制止；眼神從頭到腳地巡察別人是一種審視。

此外，我們自己也會有這樣的感受：互有好感的兩人說話，會注視對方的眼睛以示寓意通達；話不投機的人相遇，一般都盡量避免注視對方的目光，以消除不快。有人在交際中喜歡戴太陽鏡，即使在室內或陰影下也不將眼鏡摘下，是因為他不願讓別人從他的一雙眼睛中發現他的秘密。但是，戴著深色眼鏡與人交往，目光不能對等接觸會造成一些隔閡和不悅，所以交流時應盡量避免使用深色眼鏡。

# 瞳孔的變化

瞳孔會隨著情緒的強烈與否出現變化，無論男女在看到異性
裸照時都會出現瞳孔放大的現象，甚至比平時大20%。

瞳孔指的是虹膜中間的孔，它是光線進入眼內的門戶，瞳孔的大小可以控制進入眼內的光量。瞳孔就像照相機裡的光圈一樣，可以隨光線的強弱而縮小或變大。我們在照相的時候都知道，光線強烈時要把光圈調小一點，光線暗時則把光圈開大一點，讓光線適度地通過光圈進入鏡頭內並使底片曝光，但又不讓過強的光線損壞底片。瞳孔也具有這樣的功能，只不過它對光線強弱的適應是自動完成的。透過瞳孔的調節始終保持適量的光線進入眼睛，使落在視網膜上的物體形象清晰，而又不會有過量的光線灼傷視網膜。

瞳孔的大小除了光線的強弱變化外，還與心理狀態密切相關。美國心理學家愛德華・海茲也曾注意到，讀書入迷的人和對某些事物感到濃烈興趣的人，他們的瞳孔都會不同程度地放大，於是他做出了假設：瞳孔變化與心理有關。

## 瞳孔變化實驗

海茲把嬰兒照、嬰兒母親照、男性女性的裸照、風景照依次展示給參加實驗的男、女性看，之後檢測受試者們的瞳孔大小。海茲認為人的瞳孔可能會隨著興趣的強烈與否出現變化，而實驗的結果也證明了此推測。受試者不論男女的瞳孔都在看到異性裸照時比平時放大 20%。在看到「嬰兒」和「嬰兒母親」的照片時，女性和有孩子的男性的瞳孔都會放大；至於風景照，所有人的反應都很小甚至一些人出現了瞳孔縮小的傾向。

瞳孔的擴張和收縮變化代表了不同的含義：**當人們進行親密交談或者談興正濃的時候瞳孔會擴張；當人們「發呆」時瞳孔會收縮。當我們受到刺激或是突然遇到什麼令人吃驚的事情時，我們的眼睛就會睜大——不只眼睛寬度增大，瞳孔也會迅速擴張。**

這樣做的目的是最大限度地吸收光線，從而向大腦輸送足夠的視覺訊息；然而一旦我們對這些訊息做出處理，或對它們做出消極的認知，我們的瞳孔就會立即收縮。

一般來說，**瞳孔擴張表達的是一種滿足感，或其他一些積極情感。**這種情況下，大腦彷彿在說：「我喜歡現在看到的東西，讓我看得再清楚一點吧。」當人們因為看到某人或物由衷地高興時，瞳孔就會擴張、眉毛會上挑（或彎成弓形）、眼睛會睜大，從而讓眼睛顯得更大。

當我們看到自己喜歡的人或偶然遇到久違的朋友時，我們會竭力睜大眼睛，越大越好，瞳孔同時會擴張。當老闆睜大眼睛看著你時，可以假設老闆喜歡你或對你做的事情很滿意。在追求異性、做生意，或是交朋友時，我們也可以使用這種確定行為判斷自己的方式是否適當。

簡單來說，眼睛睜得越大，好感越多。另一方面，**當看到別人眼睛縮小時，如眼睛瞇起、眼眉下垂或瞳孔收縮，你就該想想改變戰略了。**但是並非所有的擴張和收縮都與情緒或狀態有關，比如光線的調整、健康狀況或某些藥物反應等，都有可能使瞳孔發生變化，因此在判斷時要小心，否則就有可能會被誤導。

這實驗真是太美妙了！

等等換我喔！

那我勒？

# 視線轉移透露的含義

人們在初次見面時，會在很短的時間裡形成對對方的第一印象，
而這個印象主要取決於眼睛接收到的訊息。

視線是最富有表現力的一種身體語言。**一個人的眼睛是最能準確地表達出此人的感情和意向的，而視線的接觸有時能夠幫助你控制談話的局面。**比如當某個人說「他用十分輕蔑的眼神看著我」，就顯示出交談對象高高在上的態度；而當你對別人說：「你說話的時候請正視我的眼睛！」那就表示你懷疑他在撒謊。

講者走上講台未開口之前，通常會先用視線瀏覽一下會場，這時聽眾會立即停止手邊的活動，進入聽講狀態，這種瀏覽通常有組織和控制的作用。如果出現冷場時，講者會用鼓勵的眼神注視聽眾，這樣就是給準備發言者增強信心，以便他們可以踴躍發言。當全場出現紀律鬆懈，底下交談過多時，講師往往也會投以嚴厲的目光並停留一會，制止這種現象。所以，有經驗的講師都善用眼神駕馭整個會場，使會場井然有序而又生動活潑。

在面對面的交談中，我們視線大部分時間都會停留在對方的臉上，所以眼睛所傳遞的訊息是能夠幫助我們解讀對方態度與想法的最佳利器。人們在初次見面的時候，通常會在短時間裡形成對對方的第一印象，而這個印象主要取決於人們的眼睛所接收的東西。

在與人交流的時候，視線是引起興趣、增加吸引力和促進感情發展的重要手段。在生活中，有這樣一種狀況你一定不會陌生：當你把視線投向某人的臉時，卻發現對方有意無意地將視線轉移向別處。那麼，這代表著什麼意思呢？

① 看向遠處的視線

交談時，**如果對方的眼睛看著遠方，這表示對方對你的談話不關心或**

**在考慮別的事情**。例如，當你很有誠意地跟女友說話，她卻常常將眼睛注視別的地方，那表示她心中正在盤算別的事情，或許因為對結婚沒有信心，也可能她心中有了新的目標卻說不出口。

如果對方是非常重要的交易談判對象，當他的視線凝視於一點或焦點不變，表示對方心中在想其他事情。如果談生意的對象有這種眼神時，要特別注意不要將大量貨物出售給他，因為對方可能支付不了貨款；如果對方是賣家，他所賣的貨物可能是次品。總之，當你交易的對象出現這種眼神時，你一定要小心提防。

② 斜視對方的眼光

這種眼光代表的是拒絕、輕蔑、迷惑、藐視等心理。

商場間的競爭難免會有正面交鋒的時候，相互之間常會用這種蔑視的眼神看對方。但如果是斜而略帶笑意的眼神，有時候也表示對對方感興趣，尤其是在初次見面的異性之間，經常能見到這種眼神。

③ 移開視線

初次見面時先移開視線者，其性格往往較為主動。另外，**談話中一個人是否能佔上風，在最初的 30 秒即能決定。當視線接觸時，先移開視線的人，就是勝利者**。相反，因對方移開視線而耿耿於懷的人，就可能胡思亂想，以為對方嫌棄自己或是跟自己談不來，因此在無形中對對方的視線有了芥蒂，而完全受到對方的牽制了。

在交談的過程中，人們視線相互接觸的時間，通常佔交往時間的 30-60%。如果超過 60%，表示彼此對對方的興趣可能大於交談的話題；低於 30%，表明對談話沒有興趣。而視線接觸的時間，

除關係十分密切的人之外，一般連續注視對方的時間在 3 秒左右，太久的視線接觸會讓你對他的興趣大於他的話語，而讓對方感到不適。

可見，注視是有一個界限的，在這個範圍內，對方可以明顯感覺到你對他的尊重和重視，同時你也不會感到拘謹和不自然。正因為如此，對於初次見面就不集中視線的人應特別小心應付。

不過，同樣是撇開視線的行為，如果是在受人注意時才移開視線，那又另當別論了，這種情形下的視線轉移是屈服的表示。

## 視線轉移有共通性

幾乎所有的靈長類動物都認同這個身體語言。如果一隻猩猩要展示威信或者想要發出攻擊，就會把視線死死地盯著攻擊對象，而受到威脅的弱小猩猩為了避免遭受攻擊會移開視線，並且把身體縮成一團，讓自己看起來顯得更加弱小。

科學研究表明，正是大腦的求生本能使得靈長類動物表現出屈服的姿態。在遭遇潛在的威脅時，我們會盡可能縮緊身體，比如聳肩、手臂緊貼身體、蜷曲膝蓋、腳踝緊扣桌腿、下巴貼近前胸以保護喉嚨，並且目光順從地轉向一旁。這些姿勢會讓攻擊者的大腦發出「解除攻擊」的指令，於是弱勢的一方便可以憑藉屈服的姿態免遭厄運了。

在你犯錯而遭受上司的責罵時，你就可以採用上述姿勢博得上司的同情。但是，如果是在街頭遭遇匪徒攻擊，那麼屈服的姿態反而會適得其反。假設你在街上獨自一人步行時遇到一夥不三不四的人，這個時候如果表現出害怕反而會激發這些人的攻擊慾望。相反，如果你目不斜視地大步往前走，手臂和雙腿保持較大的動作幅度，昂首挺胸，顯示出自己有自我保護的能力，那些街頭小混混反而會產生畏懼情緒，變得不太敢輕易襲擊你。

總之，當你發現別人的視線不停地轉移的時候，肯定有什麼事情讓他

們覺得不對勁，某人可能會因為不喜歡你，或者對你不感興趣，或者無法面對你，或者害怕你而避免跟你對視。

人們也許不想讓別人瞭解他們真實想法而避免跟別人直接對視，他們也可能缺少自信所以眼睛看著別處，以此希望你不要把他們看透。

在大多數情況下，**撒謊者會盡一切可能迴避視線的交流，他們被一種愧疚的感覺所折磨，所以不想面對你**，但是並不能因為某人眼睛看著別處就認定他一定在撒謊，他也可能感到不太舒服或想要自衛，或是有什麼事情要隱瞞。

# 確認過眼神傳遞交流的訊息

有些人會刻意躲避別人的眼神，他們經常被別人的目光打敗，同時也喪失了從別人眼神中獲取訊息的大好機會。

眼神的情緒流露是在大腦的支配下，有主觀意識後才注入他的眼睛，然後雙方用眼睛交流彼此的心思，這兩種功能結合在一起後，就形成了我們所見到的眼神溝通了。眼神交流是形成互相溝通的基礎。在我們和別人交談時，有的人會帶給我們舒服愉快的感覺，有的人則會令我們侷促不安，甚至還有一些人會讓我們覺得不可信賴。這些感覺的產生都是從眼神開始，而且往往取決於對方注視我們的時間有多長，或者對方面對我們注視的目光有著怎樣的反應。

與人交談時，注視說話者的眼睛既是一種禮貌，也是一種窺探對方內心世界的技巧。在現實生活中，有些人卻經常刻意躲避別人的眼神，他們經常會被別人的目光打敗，同時也喪失了從別人眼神中獲取訊息的大好機會。

正常交流的注視，絕不是聚集瞳孔的焦距緊盯住對方的眼睛不放，這會讓對方感到十分尷尬，你該做的就是自然地注視。**在與對方道別時，尤其是在握手時，你更應該用目光注視對方的眼睛，這樣對方會感覺自己在你的心中佔有一席之地。**

但是這並不是說讓你死死地盯著對方，因為長時間直視往往含有挑釁的意味，一定會引起對方的反感。

在多數情況下，大多數人是這樣觀察陌生人的：一般先看一眼然後轉看他方，這一眼算是跟對方打了招呼，但又不干擾對方獨處，只是禮貌地故作不在意地一瞥。如果兩人目光相遇，雙方則需採取一些明顯的舉動表示對對方的尊重，例如微笑、點頭、問候或更為熱情的舉動；如要維持不相識的狀態，則應迴避目光對視，這樣才算是禮貌。如果相識者

相遇時，雙方應先目光接觸再相互打招呼，否則看人一眼就立即避開，則是對人的蔑視，即認出某人卻又不理他。單方面把對方視為陌生人，那就只能是對人的一種輕視或侮辱。

---

### 交談時目光要注意的地方

注視他人時，除了要注意把握好時間，還應注意注視的部位。**在社交場合，眼睛要看對方臉上倒三角地區（以兩眼為底線，嘴為下頂點），即在雙眼和嘴之間，注視這個部位會形成一種融洽的社交氣氛；而在進行貿易談判、磋商或是洽談業務時，你的眼睛應注視對方額上的三角地區（以雙眼為底線，上頂點位於前額）**，注視這個部位會使你顯得更有誠意、嚴肅認真。如果能在交談中注意到這點，你就把握了談話的主動權和控制權。這是商人和外交人員經常使用的注視部位，演員們也常用這種方法演對手戲。

---

戀人之間的注視一般都會讓自己的眼睛看著對方雙眼至胸部之間的部位。千萬不要為了讓自己顯得專注而把自己的目光集中到對方的一隻眼睛上，因為只有在有敵意的對視時人們才會這樣做，此時就有「怒視」的意思了。

可見，目光在人們關係的發展中有著十分重要的作用，因此請你一定要注意你的目光，讓你的目光永遠那樣的恰到好處，永遠那樣具有征服力與親和力，這樣當你與陌生人相遇時便能迅速吸引別人的好感，你甚至可能會因此發現人生際遇產生巨大改變。

社交模式的重點　　談判模式的重點

# 頻繁眨眼是說謊的徵兆？

在與人交談的過程中，當對方眨眼的頻率變得很遲緩，意味你的表現不夠精彩，需要採取新的策略激發對方的興趣。

眨眼是人眼睛最平常不過的動作，通常分為兩種，一種為不自覺的眨眼運動，另一種為反射性閉眼運動。不自覺的眨眼運動，除生病及疼痛刺激外，通常沒有外界刺激因素，是人們在不知不覺中完成的；反射性閉眼運動則是人的主觀意識參與的結果，它可以是兩個人之間默契的表現，也可以說是一種暗示，用這種方式代替語言，讓對方知道自己在想什麼，如何來配合。這種方式常出現在搭檔、情侶、朋友間，是人與人之間不可少的交流方式。

人們在正常而放鬆的狀態下，眼睛每分鐘會眨 8 至 12 次，每一次眼睛閉合的時間只有十分之一秒。這種間隔在非正常狀況下會被打破，所謂非正常狀態，就是說明你的**內心情緒有較大起伏，比如因為說謊而緊張，這個時候你眨眼的頻率就很可能會顯著上升**，原因在於謊言讓你的內心無法平靜，你承受著擔心被識破謊言的巨大壓力。你也許可以在這種壓力下控制自己的口頭表達，卻很難控制身體語言，於是你的眼睛因為巨大的緊張感而不停地眨。

### 撒謊的情景畫面

晚歸的丈夫接受妻子的追問，妻子讓他說清楚這段時間都做了些什麼事情。丈夫為了表達誠意，望著妻子的眼睛：「汽車沒有油了，我繞道去加油站。」他盡力讓自己的目光顯得真誠，但卻不停地眨眼睛。此時，敏感的妻子知道這其中肯定有秘密。

人們通常都認為男人比較喜歡說謊，但真實的原因是他們都比較拙於

掩飾，所以更容易被識破，而女人又天生是直覺動物，所以男人的一些小細節總是會洩露秘密，比如情境畫面中丈夫的眨眼。不停地眨眼顯然不是一種常態，而反常情況的最佳解釋就是他在試圖掩蓋什麼異常的情況。其實，眨眼運動除了在撒謊時發生外，通常在人受到威脅或者碰到自己不喜歡的事物時也會發生。

在這種情況下，眨眼的間隔通常會延長，即眼睛閉上的時間遠遠長於正常情況下的十分之一秒。這種動作是一種下意識的行為，是**大腦企圖阻止眼前的景物進入自己的視線所做出的命令，因為他們感覺害怕、厭倦、無趣或是認為自己高人一等。**

在生活中，如果有人對你做出這樣的動作，那就意味著他已經沒法忍受繼續跟你糾纏下去，所以他眨眼時會閉上 2 到 3 秒甚至更長的時間，企圖讓你從他的視線中消失。自大的人不僅用延長眨眼間隔來顯示自己高人一等的姿態，有時候還會出現將腦袋後仰用鼻孔凝視你的姿態，通常這種姿勢是用來表達蔑視的態度，但是當人們認為自己沒有受到應有的重視時，也會做出這個動作。

如果在交談的過程中，對方眨眼的頻率變得很遲緩，那就意味著你的表現不夠精彩，需要採取新的策略激發對方的興趣。如果你認為對方這樣做只是出於高傲，那麼你不妨給予這樣的回敬：當對方第 3、4 次長時間閉眼時，快速地向左或右邊移動一步。這樣，當他們再度睜開眼睛時，就會產生錯覺，以為你消失了；繼而又在旁邊突然看到你，這會讓他們瞬間清醒。如果跟你談話的人一邊不疾不徐地眨眼，一邊漸漸打起了呵欠，那麼你完全可以認定你們之間的溝通失敗了。

眼睛小，還是看的到啦！

# 眼神，揭露對方的心底秘密

如果在進入正題的時候，對方不時地移開眼光看向遠處，他不是
根本不關心你說些什麼，就是正在算計些什麼。

---

透過眼神去窺視他人的心理活動，是人們常用的方式，但是如果你想有意、自覺地從眼神中透視對方心態，就必須掌握相關的理論和技巧。如何在交談時從對方的眼神和視線裡探究其真正意圖？可以參考以下重點。

① 談話時眼睛並沒有看著你

如果在進入正題時，對方不時地看向遠處，表示他不是根本不關心你說些什麼，就是正在算計些什麼。如果你們正在討論合作項目的話，那就要小心了。

不過要注意談話對象與你的身分是否對等，通常在與上司交談時會注視上司眼睛的人極少，因為這時大多數或多或少會有害怕、害羞或者卑屈的感覺。

② 瞪著你不放時

遇到對方有「啊！事到如今聽天由命吧！」這種態度，則表示他的謊言或罪過即將被揭穿，**此時他瞪著你不放就是一種故作鎮定的姿態**。許多罪犯在謊言即將被揭穿時，往往就會瞪著眼睛看著審判者，以此來偽裝自己。

③ 眼神閃爍不定時

當某人內心正擔憂某件事情而無法坦白地說出來時，他就會有這樣的眼神，這種眼神**可理解為對方有自卑感或正想欺騙你**。

如果和朋友見面看到對方晦暗的眼光，就應該想到對方有不順心的事或發生了什麼意外；當你**和對方交談時，對方的眼睛突然明亮起來，則表示你的話正說中了他心裡最急於表達的事情**。

① 眼睛沒看你，表示在想其他的事情

② 瞪著你，顯示出在擔心一些事情

③ 眼神閃爍，可能準備要說謊了

④ 眼睛上揚，傳遞某種驚怒的心情

⑤ 不同形式的眨眼，有不一樣的含義

⑥ 擠眉弄眼，顯示有某種共同默契

④ 眼睛上揚

這是假裝無辜的表情，這種動作是在佐證自己確實無罪。炯炯有神地看人時，上睫毛極力往上抬幾乎與下垂的眉毛重合，造成一種令人難忘的表情，傳達著某種驚怒的心情。

⑤ 眼睛眨動

眨眼的系列動作包括連眨、緩眨、睫毛振動等。連眨發生於快要哭的時候，代表一種極力抑制的心情；緩眨則單純而誇張，眨的速度慢，幅度卻較大，好像是在說：「我不敢相信看到的，所以仔細眨眼擦亮眼睛，確定我所看到的是事實。」睫毛振動時，眼睛和連眨一樣迅速開閉，是在說：「你不能欺騙我哦！」

⑥ 擠眉弄眼

擠眉弄眼是用一隻眼睛向對方使眼色，表示兩人間的某種默契。在社交場合中，**兩人擠眉弄眼表示他們對某項主題有共同的感受或看法，比其他人都接近。**由於顯示出兩人間存有不為外人知的默契，自然會使第三者產生疏遠的感覺。因此不管是偷偷還是公開的，這種舉動都被一些重視禮貌的人視為失禮。

# 轉動的眼睛在「說」什麼？

觀察他人目光的動向可以解讀他們正在回憶某個看過、聽過、聞過、嘗過,或是摸過的東西。

　　美國心理學家葛瑞德和班德勒研究發現,人們眼球的轉動能夠展現內心所想,所以我們透過觀察他人目光的動向,可以解讀出他們正在回憶某個看過、聽過、聞過、嘗過,或是摸過的東西。

　　人的眼球轉動顯示他們的大腦在工作,經由觀察和分析發現如果一個人正在回憶某個**看過的東西,他的目光會投向上方;**如果是在回憶某個**聽過的聲音,他的目光會投向側面,**同時腦袋略微傾斜,做出一副在聆聽的樣子;如果他正在回味某種**感覺或是情緒,他會把目光投向右下方;**如果他只是在內心自言自語,目光就會投向左下方。大部分的人在大腦「建築」一個聲音或圖像時(也就是說他們在撒謊),他們眼球的運動方向是右上方。如果人們在試圖記起確實發生的事情,他們會向左上方看。這種「眼動」是一種反射動作,除非受過嚴格訓練否則是假裝不來的。

　　由於這種**目光的轉向往往在瞬間發生,**同時還伴隨著其他的手勢,所以人們很難對這些信號進行適時的解讀。不過,**透過影像我們就能發現人們嘴上所說的和心裡實際所想的有多大的差異。**

　　35%的人喜歡將目光轉向「視覺訊息頻道」,同時伴隨著諸如「我明白你的意思」、「你能查看一下這裡嗎」、「那真是再清楚不過了」,或是「你能讓我看看嗎」等話語。如果這個時候你拿出照片、表格或是曲線圖給他們看,就一定能夠抓住他們的注意力。

　　25%的人更偏愛「聽覺頻道」,當他們的目光投向側面時,經常會說出一些這樣的話語:「門鈴響了」、「我聽到你的聲音」、「這個聲音聽起

來不對勁」等，這部分人喜歡跟其他人保持融洽的關係。

剩下 40％的人更喜歡將目光轉向「感覺頻道」，同時可能會說：「讓我們把這個問題解決吧！」或是「我們部門真該注入一針興奮劑」。這部分人感情充沛且具有行動力，如果他們對你說：「我不太明白你所說的意思」，那麼你就應該用實例來展示自己的觀點，盡量讓他們藉由切身體驗來明白你所說的意思。

注意觀察對方回答問題時的眼球運動，從而掌握其規律，然後再問一個對方不知道答案的問題並注意觀察他的眼球是向同一方向運動，還是朝反方向運動。如果方向相反，那麼就說明他在編造故事。這樣我們就可以判斷出他究竟是真的在回想所發生的事情，還是正在頭腦裡編造答案。

由此可見經由眼球的運動可以獲取很多有用的訊息，這些訊息可以清晰地反映出人們的心理活動。透過對人的眼球運動觀察，還可以根據眼球運動的情況判斷出對方不同性格特徵。

① 眼球常常左右轉動的人內心缺乏安全感

眼球常常**左右轉動的人大多內心缺乏安全感**，他們的生活往往處於不安的狀態中。經過大量實驗發現，這些人常常對自己的言語以及行為缺乏信心，他們習慣自欺欺人，嚴重者甚至有被害幻想的可能。這些人的內心深處對一些特定的事物感到異常的恐慌、懼怕，他們也因此總顯得焦躁不安。

② 眼球自然轉動的人通常心胸坦蕩

與人談話時，眼睛**自然轉動的人一般心胸坦蕩**，這是他們對自己充滿信心的表現，並且因為他們的行為能夠對得起自己的良心而使得本來就非常自然的眼睛顯得更加清澈、乾淨。除此之外，還有一層意思就是說明他們非常信賴你。

③ 眼球總是不規則亂轉的人往往不懷好意

如果一個人的眼睛總是**不規則亂轉**，這常常讓人們感到不正經、不可

**信或心懷歹意**。這不只是一種感覺，有上述行為的人可能正在盤算如何讓你上當，甚至可能正預備設下圈套來利用你、陷害你。

事實證明，那些在談話時避免與你視線接觸的人大多心懷鬼胎、不安好心，或者是他的行為、舉動有愧於你。如果你發現有人與你說話時眼睛不敢接觸你的目光，那麼你就要對他們說的話加倍小心了。

④ 眼睛總是往上看的人通常喜歡敷衍塞責

談話時，如果發現對方**總是把視線向上方看**，或是凝視其他物品時，**這表示他已經對你的談話絲毫不感興趣**，不過是因不願失禮而不得不敷衍塞責。但是，如果當他突然把被別處吸引的目光集中到你的眼神上時（有時是連頭的姿勢都維持原狀不動，只是單單地用目光注視著你），或許是因為此時此刻你所說的話引起了他的注意。當然，如果他一直保持這種姿態與你談話，這就說明了他的心裡已經對你產生了成見，或者說他根本就不認可你的談話內容。

⑤ 翻白眼的人表明他正在懷疑或輕視別人

如果對方突然用怪異的目光盯著你，或者**眼神突然變銳利**，這表示他**對於你所說的話有所懷疑**，他們希望可以從你的情緒反應中探究可信度；還有一些性格上有些未知缺陷的人，他們習慣斜眼看人或是用餘光掃視，一般來說這樣的人都是居心叵測、心存鄙視的，他們的目光表露出他們輕視一切。

從上述介紹可以得知，眼球的運動也是具有豐富內涵的。如果你想要透過關注別人的眼睛來獲得一些有用的信號，那麼從對方的眼球運動入手也是不錯的方式。

看不到眼睛，就沒辦法知道我的想法了！

# 4

# 姿勢所隱藏的訊息

　　我們發現那些在社會上有一定地位的家庭對小孩都要求坐、立、行、走等姿態訓練，服務業、軍隊、政界等也一樣要求相關人員的姿態。這是因為身體姿勢既可以反映出一個人內心真正心理活動，也可以影響別人對其形成的印象和判斷。本章將告訴你姿勢所隱藏著的豐富訊息，讓你透過姿勢來瞭解他人的內心世界。

# 從頭部動作探究人的內心

頭部是人體接觸最頻繁的部位，雖然僅佔人體表面積的九分之一，但自我碰觸行為卻有超過半數集中在頭部。

人類進化最早的動作在頭部，其次才到軀幹，最後是腳。透過身體語言的研究，發現頭部是人體接觸最頻繁的部位。英國動物學家和人類行為學家德斯蒙德・莫里斯（Desmond Morris）也指出，雖然頭部僅佔人體表面積的九分之一，但自我碰觸行為卻有超過半數集中在頭部。根據心理學家的研究可將人的頭部動作與心理歸納整理為四大項。

## ① 屬於隱蔽動作的接觸

人們對噪音感到不耐煩時會用手掩耳，或光線過強時用手遮眼，氣味太強烈時用手搗鼻，這些動作都是為了**擋住外界的強烈刺激侵犯感覺器官**。此外，當內心萬分痛苦而哭泣時，用手遮住臉的動作也屬於這一範疇，這是一種企圖掩飾的姿勢。

## ② 屬於整理身體的動作

這一接觸的具體特徵是將手舉向頭部做出「抓」、「擦」、「摸」等動作，**這些動作本來是用以維護頭部清潔的**，比如頭皮屑過多時搔頭等，但是當我們脫離本來的目的陷入情緒混亂或緊張狀態時，往往會做出類似整理頭部的神經質行為。

比如，男性方面最普遍的「抓頭」動作，大致可視為不滿、困惑、害羞、痛苦等心態的直接反應。

啦啦啦…

### ③ 特殊象徵的接觸

為了強調正在思考時，用手指或筆「咚咚」地敲頭，或者用手掌貼著頭部不動等動作就屬於這一範疇。在痛苦或思考中兩手抱頭也是這種象徵性的特殊接觸。**當人們對一件事物不能理解或感到莫名其妙時，伴隨著腦中的飛速判斷，常會做出一種十分普遍的歪頭動作**，或是將手掌貼在太陽穴附近，表示他正在對這一事物進行思考。另外，也有不少人喜歡用手指輕輕點著太陽穴，也屬同一心態的表現，這種動作無疑是一種「遇到疑難雜症」的信號。

下意識地**按住人體的要害部位之一的太陽穴，可以看作是想刺激思維活動的一種行為**。在陷入自我懲罰的心理狀態時，就有人會伸直食指戳著自己的太陽穴，做出用手槍來射擊自己腦部的模仿動作，這是一種象徵性的自殺動作，其目的在於假借這一動作來掩飾內心的尷尬和困窘。此外，這類象徵性的接觸，還包括突然記起了一件事或恍然大悟時使勁拍打自己前額的動作。

### ④ 自我親密性的接觸

這類**接觸的目的是為了獲得精神上的安定，是下意識所形成的心理作用造成的**。在這一類的頭部接觸中，我們最常做出的動作就是一肘靠在桌面上，用手掌支撐著一側頭部的姿態。肉體上的疲勞並非是造成這一姿態的主要原因。在這個時候，當作頭部支柱的手實際上已起了超越手本來機能的作用，這隻手在心理上變成了擁抱自己，給自己安慰的「朋友」。即用自己的手來代替朋友，給自己以親密性的感受。

除了以手撐頭的動作之外，我們經常做出的動作中，還有一種併攏中間三指或四指，手背朝外，輕輕拍打額頭的行為，這可看作是靦腆、困惑的表現。其動機在於嘗試用緊貼額頭的動作，去克服精神上的不平衡。

連假去哪玩？

由於有些頭部動作具有多重含義，所以我們在解讀這一類身體語言時並不能將其強行劃分為哪個範疇。如果從這種分類得出自我觸摸頭部動作都是追求精神上的穩定，只能說在大部分時候正確，比如「搔首弄姿」就不是這種目的。再拿抱頭的動作來說，其內涵就非常複雜，人們在煩躁痛苦的時候會抱頭，在極度興奮時也會如此；後悔懊惱時也會抱頭，還可能伴隨拍打頭部的動作；投降認輸時也會雙手抱頭。所以，解讀人們頭部動作的真正含義，還需要結合當時的場景來考慮。

還有一些單獨的頭部動作，如點頭、搖頭、抬頭、歪頭、低頭等也傳遞著動作實施者其內心的真實情感和態度。

### ● 點頭在大多數時候都是用來表示肯定或者贊成的態度

這個動作屬於鞠躬的簡化形式——就像一個人正準備鞠躬，然而動作只進行到頭部就戛然而止，最後以點頭的動作象徵性地表示鞠躬這一姿勢。**鞠躬的姿勢隱含著順從之意，所以點頭的動作也顯示出我們對其他人的觀點表示贊同**。先天聾啞或者失明的人，也會用點頭的動作表達肯定和贊成，因此人們很可能天生就會使用這一動作來表示順從的態度。

不過，點頭這一動作和其他身體語言一樣具有地域性，如在保加利亞就表示否定的態度。

點頭的動作也不是這麼單純的，比如與人見面的時候，點頭動作可以用來打招呼。在交談的時候，藉由點頭的頻率還能夠推測出聆聽者的耐心程度。緩慢的點頭動作表示聆聽者對談話內容很感興趣，而快速的點頭動作等於是在告訴說話人，他已經聽得不耐煩了，或者是催促說話人馬上結束自己的發言，以便給他一個表達觀點的機會。

搖頭的動作通常表達的是否定的態度。這很可能也是人類與生俱來的舉動，因為當**新生兒吸夠奶水後，他就會左右搖擺腦袋，以此抗拒母親的乳房**。與之類似，幼兒在吃飽了以後，也會用搖頭的動作來拒絕長輩們餵食的湯匙。所以，當有人對你的意見表示贊同，並且努力讓這種贊同的態度表現得誠實可信時，你不妨觀察一下他在說話的同時有沒有做

出搖頭的動作。

如果一個人一邊搖著頭一邊說：「我非常認同你的看法」或「這主意聽起來棒極了」，又或者是「我們一定會合作愉快」，那麼不管他的話語顯得多麼誠摯，搖頭的動作都反射出他內心的消極態度。

### ● 抬頭是對談話內容保持中立態度時的動作

通常隨著談話的繼續，抬頭的姿勢會一直保持，只是偶爾會出現輕輕點頭。用手觸摸臉頰的手勢也常常伴隨著抬頭的姿勢，表現出認真思考的態度；但如果**把頭高高昂起，同時下巴向外突出，那就顯示出強勢、無畏或者傲慢的態度**。人們藉由這個姿勢刻意地暴露出自己的喉部，並且讓自己的視線處於更高的水平，這樣就能以強勢的態度俯視他人。

把頭側向一邊是一種順從的表示，因為這個姿勢不僅暴露出人們的喉嚨和脖子，還會讓人顯得更加弱小和缺乏攻擊性。這個姿勢很有可能起源於嬰兒時期把頭靠在父母的肩膀和胸脯上休息的動作。大部分人，特別是女人，似乎是在不知不覺中讀懂了這一姿勢所傳達的順從與毫無威脅的意味。所以，她們經常會使用這個姿勢向心儀的男士表達自己對他的興趣，因為她們明白一個毫無威脅感並且看起來非常溫順的女人，在大部分男人眼裡都是極具吸引力的。歪著腦袋露出脆弱的脖子，這一身體語言所隱含的意義似乎絕大多數人都會憑直覺領悟到，所以**在商務談判中跟男人交手時，務必始終保持頭部直立的姿勢，以免暴露出自己的軟弱**。

### ● 壓低下巴意味著否定、審慎或者具有攻擊性的態度

一般情況下，**人們在低著頭的時候往往會形成批判性的意見**，只要看到面前的人不願意把頭抬起來或者傾向一側，那麼會預感到將處理一項棘手的問題。

# 座位選擇與性格解析

謹慎的人大多會選擇足以保護身體空間的座位，但處於某些特殊心理
狀態時，選擇座位的方式就有可能與這一般原則相違背。

選擇不同的座位位置所產生的效應存在很大的區別，因此不僅是從坐姿能夠看出一個人的性格特徵，從座位位置的選擇上也能透露出一個人的心理秘密。也許有很多朋友不相信這一點，那麼下面我們就來看一下相關的研究。

如果你足夠細心的話，在搭乘公車或捷運的過程中，經常會看到這樣一種情況——靠窗戶兩邊的座位會有人搶著坐。這是因為**最先上車的乘客總是想與其他人保持距離，所以盡可能找偏離走道的位置**。其次，會挑選比較靠中間的位置；然後，逐次填充其他空位，直至坐滿為止。

謹慎的人大多會選擇足以保護身體空間的座位。不過，當一個人處於某一種特殊心理狀態時，其選擇座位的方式就有可能與這一般原則相違背。當然在生活中，我們選擇座位的時候不單只受到所在環境的影響，很多時候還受周圍人的影響，因此對於人們在選擇座位時的幾種情況進行分析和研究，最後發現其分別表達了人們不同的心理狀態。

## ① 相對而坐

如果我們注意觀察就會發現，有的人喜歡坐在別人的對面，這樣的目的是希望對方可以更瞭解自己，也隱含著敬意、觀察、小心等。這種情景經常出現在雙方初次見面或是在生意上與對方接觸時。**相對而坐是一種對立、競爭，或者想要說服對方時採取的位置。當視線相觸時，容易造成對立關係。**

## ② 喜歡坐靠近門口的座位

這類人的支配慾望特別強，並且此時**他們可能懷有警戒、謹慎和監視**

的意圖。在不少影視作品中我們都可以看到這樣的情景：當一名便衣警察跟蹤一名進入車站候車室或是餐廳裡的可疑人物時，為了避免被跟蹤對象發現，他們大多數人都會選擇靠近出口的座位坐下。

③ 並排而坐

　　並排而坐是一種容易產生連帶感關係的位置。這是由於兩個人坐得近，又朝著同一個方向看著同樣的景象，容易在心底形成**連帶意識**。並排而坐時舉止不會在別人的視線內，因而可以放心地看報紙雜誌，或小睡一會放鬆一下。因為沒有視線接觸，交談也容易開展，在乘車途中，人們常常容易與鄰座的乘客攀談並且聊得非常開心也正是源於此種原因。通常，關係親密的情侶和夫妻也會選擇並排而坐。

　　人的**心理安全範圍並非是以自己為圓心的圓，而是兩側稍窄，正前方比較長後面稍扁的形狀**，因此在自由選擇位子的情況下，即使還有別的空座位，但一個人卻執意坐到你的對面，可以肯定的是他對你懷有強烈的對立情緒，準備對你即將發表的談話、演說等進行猛烈反駁；而選擇坐到你旁邊的人，一般是對你親切的人。

　　所以面對自己非常害怕的對手，避免與之正面交鋒的辦法就是選擇坐在他的側面。但是，坐在對方的側面也必須注意，盡可能坐在對方的左側，因為人的**右腦控制人的感情，右腦控制著左邊的身體**，也因此左半邊臉非常容易流露出一個人的真實情感。當你坐到一個人的左側時，你既可以清楚地捕捉對方的真實情感，又可以將自己情感薄弱的左半邊「隱藏」起來，不讓對方看到，避免被對方讀出自己的內心秘密。

他們是在討論要怎樣對付我嗎？

# 坐下後的第一個動作

從一個人坐下之後的第一個動作加深對他的瞭解，從而能夠掌握對方
的心理，在交流和溝通中掌握主導性。

幾乎沒有人會在坐下之後一直保持一種姿勢不變，在很多時候都會有意或無意間伴隨著做出一些其他的動作。如果細心觀察，我們便能夠從一個人坐下之後的這些動作中加深對他的瞭解，從而能夠掌握對方的心理，在交流和溝通中掌握主導性。

不同的人在坐下之後所做的動作和保持的姿勢所表現出的性格和心理特徵如下：

❶ 坐定後，將一手放在另一手的手腕上的人小心拘謹、內向矜持。如果是女性，則文靜溫順；若是男性；則可能有潔癖而性格怯懦。

❷ 坐定後，忍不住抖動雙腿的人顯示了一種焦躁不安的潛意識動作，這是思想不成熟、情緒不穩定的暗示。這表示這類人閱歷淺薄，缺乏人生目標及生活原則，孤獨寂寞且容易受他人影響利用。再有一種可能就是想「方便」一下又不敢或不能離開，只能在那裡「憋著」。

❸ 坐下後立刻交叉手臂的人往往有些傲慢自負而看不起別人，有些人甚至趨炎附勢，對上司逢迎阿諛，愛用自己的長處挑剔別人的短處。如果是女性，雖然少見，卻是能言善道甚至有說謊的傾向。一般來說，交叉雙臂很能表現男性的驕傲，但也暗示著拒絕、排斥和抗議等含義。

❹ 坐定後，將一手放在另一手的手臂彎曲處者多自視清高，不太會佩服別人，有時愛慕虛榮，會注意外表打扮，還能注意檢點自我言行，但不善理財。

❺ 深深靠入椅背，神態疲頓者一般意志較為薄弱，身體狀態不佳，職業也不安定。

有話就說，我在聽！

❻ 坐時膝蓋適當分開，把雙手撐在膝蓋內側的男人大多精神專注、體力充沛、頗具攻擊性，平時能抑制個人的言行，克制著放蕩與暴露的慾望。可以説是幻想力豐富，極具佔有慾望與侵略野心男人的典型坐相，容易引起女性的厭惡。

❼ 稍微分腿而坐，將手放在雙膝上的人穩定沉著、循規蹈矩、凡事有規律有秩序，能在穩定安定狀態下成功發展而有成就。**這是一種晚輩與長輩同坐的禮貌坐姿，如果平輩同坐也如此拘謹者，如非保守拘謹之人，那麼就表示他做錯事了或有求於你。**如果是女性，大多出身寒微，是教育程度較低卻能力爭上游之人，稍加調整便可重用。

❽ 坐定後不忘衣領及袖子等衣飾整齊的人聰明有餘，魅力不足，自負而有敏鋭的觀察力，有些神經質及剛愎自用，很愛體面及在意別人的批評，是個榮譽感強烈的人。

❾ 膝蓋張太開的人性格往往自負任性、自私自利，不知體貼體恤別人。出現這種動作的人若是女性，可能有男性化或好勝的傾向；如果是男性則屬於粗獷而有性格，或是從小受教育不夠。如果只是忘記了場合或忽然疲倦地把雙膝向外大大伸直分開者，則表示其目前承受生活、心理、工作上的負荷，希望能夠改變目前狀況。

❿ 坐下時誇張地挺直而使身體向後彎的人，為人世故而圓滑，喜歡説大話與自我表現。因為這種姿勢很難保持長久，只是故作姿態的裝成重視你説話的樣子，其實心中卻不耐煩你的嘮叨，沒有把你的話聽進耳中，甚至急切地想要結束談話。

⓫ 側坐或靠著扶手坐的人有些比較有心機，他們時常會故意表現得親近你，但內心卻提防著你；當然也有一部分可能是什麼都沒想，只是欣賞你，而不在乎你説什麼。

⓬ 坐不安穩，時常變換屁股位置的人通常缺乏理智信念，意志不夠堅定、喜新好奇，特別容易被異性所誘惑。

形象不能壞！

**⓭** 坐下時喜歡盤手交於前胸的人外柔內剛、小心謹慎、固執己見而不願與別人爭辯。另一種可能就是離他預期目標相差甚遠，坐在那裡獨自思索，不過他們之中有些人思考較緩慢。

**⓮** 坐下時一手托肘，一手撫摸臉頰的人正遭遇事業或情感的小問題，事事不能如意，卻又充滿著幻想性的希望。他找你講話只是希望你給他建議，而他早有成見不一定聽從你的建議！

**⓯** 坐著玩弄頭髮的人常識豐富、為人性急、喜浮誇吹牛，容易因好色而破財。若是女性，坐下後眼神還飄移不定，可基本斷定她沒有太高的學歷，也不具備較深的城府，可能有一兩樣較精湛的技藝，但也有一張多事的「嘴」。

**⓰** 坐下時盤弄手指的人大多發生於商議事情的時候，或在談論有關男女親事或感情的時候，表示心中有所不決或困惑。

**⓱** 坐下來就立刻猛抽菸的人情緒不安、為人輕率易怒，希望藉著抽菸來緩和穩定情緒上的煩躁。他不知受了什麼氣，或是被誰誤解了，反正心裡不服。如果你此時和他說話，千萬以好言相勸否則定遭「暴風驟雨」。

**⓲** 坐下來打哈欠，或無意中撫摸眼皮的人多數是對談話內容已無興趣，或者即便對於談話內容有所感觸，卻往往聯想到物質享受與生活改善，雖然對於談話內容不很贊同，心中卻傾向接受。

**⓳** 靠著椅背坐著，將雙手枕在頭後的人自私任性，並且具強烈的支配慾，大多見於經理級以上的企業主管身上。

**⓴** 喜歡坐著閉目養神的人主觀意識強烈、獨立性強、是非分明、事必躬親。這種類型的人不太相信別人，如果想和他交往，就必須讓他佩服你否則很難找到共同的話題。

你到底要睡到什麼時候？

一定要隨時保持鎮靜！

❷❶ 坐定時看著天花板的人，通常正遭遇著心餘力絀的煩惱，侷限於事實與客觀條件困難，正為不能解決而煩惱。

❷❷ 在火車、餐廳、電影院或宴會等場所喜歡悄悄坐在角落的人，大多數都有些性格孤寂、缺乏自信，非常在乎別人的眼光及批評，往往有些鬱鬱寡歡，甚至有些神經質或有精神科障礙。但是也有些人屬於那種防備心理較強，不喜張揚的類型。總之，他們是從小就會怕老師提問的那種人。

# 站姿是性格的一面鏡子

觀察一個人站立時的姿勢可以瞭解他當下的心態，是用於探知其性格
特徵和心理狀態的一種非常有效的途徑。

---

站立的姿勢可以反映一個人的性格特徵，因此也可以透過站姿深度剖析一個人內心所隱藏的性格特點。把一個人的站姿看作是其性格的一面鏡子，從站立的姿勢去探知其性格特徵和心理狀態是一種非常有效的途徑。我們可以歸納出以下幾種類型：

## ① 思考型站姿

思考型站姿是指**雙腳自然站立，雙手插在褲兜裡**時不時取出來又插進去的一種姿勢。經過觀察發現，習慣於這種站立姿勢的人，一般都比較小心謹慎，凡事三思而後行，如果想讓他們去做一件事情，那麼必須先列出每個步驟所涉及的事情清單，而且要清清楚楚，否則他們很難下定決心去做。

他們**一般缺乏主動性和靈活性，在處理工作的時候會採取比較直接生硬的手法**，再處理突發事件時很容易發生狀況。他們的姿勢給人的感覺好像有很多事情等著他們去做，但其實是因為他們經常不知如何是好。

他們常把自己關在小空間裡冥思苦想，構築自己夢想的殿堂，正因為如此，他們大多經不起失敗的打擊，在逆境中往往是垂頭喪氣。**有著這種站姿的人是側重思考多過於行動的「空想派」。**

## ② 服從型站姿

有的人站立時兩腳併攏或自然站立、雙手背在身後，這種站姿稱為服從型站姿，**習慣於這種站姿的人與別人相處一般都比較融洽**，可能很大的原因在於他們**很少拒絕別人**，這使得他們比較受歡迎。在工作上，他們很少有什麼開拓和創新想法，甚至有時候只是機械式完成上司交代的

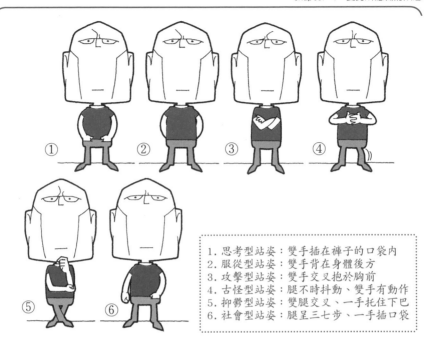

1. 思考型站姿：雙手插在褲子的口袋內
2. 服從型站姿：雙手背在身體後方
3. 攻擊型站姿：雙手交叉抱於胸前
4. 古怪型站姿：腿不時抖動、雙手有動作
5. 抑鬱型站姿：雙腿交叉、一手托住下巴
6. 社會型站姿：腿呈三七步、一手插口袋

任務。

　　他們一般都很快樂，這種快樂源自於對生活的滿足，他們總是希望有平靜的生活，不願意與人過多的爭鬥，但是這種個性既會賦予他們美好的心情，但也容易壓抑憤怒的情緒，因為一旦生活不遂人願，他們也只是抱著逃避的態度，一味地逃避而使事情變得更糟糕。

### ③ 攻擊型站姿

　　將雙手交叉抱於胸前，兩腳平行站立的時候，常給人極具攻擊性的感覺。**他們具有很強的叛逆性，常常會忽略別人的存在，具有強烈的挑戰和攻擊意識。**

　　在工作上，他們不會因為傳統的束縛而放不開手腳，即使偶爾不夠順遂，他們也會努力地解決困境，碰到更困難的任務他們更會出色、漂亮地處理完畢，藉此顯露他們的優秀。這類人的創造能力也比其他類型的人更能發揮得淋漓盡致，並不是因為他們比別人聰明，而是他們更敢於

表現自己。**與這種人合作時，給他們最大的自由發揮空間，可使雙方得到最大的成果**。

④ 古怪型站姿

雙腳自然站立，偶爾抖動一下雙腿，雙手十指相扣在胸前，大拇指相互來回搓動的站立姿勢總是給人一種怪怪的感覺，因此這種站姿也被稱為古怪型站姿。**會這樣站立的人通常表現慾望十分強烈，喜歡在公共場合大出風頭**，若什麼地方要舉行遊行示威，走在最前面、扛著大旗的大多是這種人，因此他們個性也比較爭強好勝。

⑤ 抑鬱型站姿

站立時習慣將兩腳交叉併攏，一手托著下巴，另一隻手托著這隻手肘關節的人，給人有點抑鬱的感覺，因此這種站姿被稱為抑鬱型站姿。這種人多數為工作狂，**對自己的職務很有自信，工作起來十分投入，廢寢忘食對他們來說是家常便飯**，自己的另一半更是經常被冷落在家，幸虧他們的伴侶多是理解型的。

他們更為引人注目的是個性多愁善感，從他們豐富的臉部表情就可以顯示他們是那麼喜怒無常，甚至在言行中也表露無遺。剛才還在喜笑顏開、誇誇其談，突然臉色沉了下來一句話也不說，最多在你們的談話中苦笑一下，顯得很深沉的樣子，誰也不知道他們到底怎麼了。

但是儘管這樣，他們仍然能夠得到很多朋友的喜愛，因為就算他們有些喜怒無常，也擁有著一顆善良的心。

⑥ 社會型站姿

在眾多的站姿裡面，社會型站姿的人非常受歡迎，具體表現為：雙腳自然站立，左腳在前，左手習慣於放在褲兜裡。他們的人際關係處理得很協調，從來不讓人為難，為人敦厚篤實。如果**讓他們去與客戶建立關係，時常是先站在客戶的立場替客戶著想，幫助他們分析利弊**，這在人情味重的東方國度裡，往往會收到神奇的效果。

　　另外，他們平常喜歡安靜的環境，閒暇的時候喜歡找一兩個知己敘舊或是獨處從事靜態活動，所以給人文質彬彬的第一印象。

　　不過，他們對於男女關係的問題有一種大徹大悟的體會：「男人不必為女人活著，女人也不必為男人活著」，他們討厭把感情建立在金錢基礎之上，也最不願聽到別人說他們是為了什麼目的而與某人交往。

還記得多少？測試一下吧！

# 步伐蘊涵的內心世界

穩健的步態可以表現出蓬勃可靠的狀態，給人正向的印象；猥瑣的步態則體現了醜惡陰暗的內心世界，讓人反感。

走路的樣子千姿百態，給人的感受也各不相同。法國心理學家簡・布魯西博士曾指出人的性格與行動有著很大的關係，從一個人走路的姿勢可以推斷出他當時的心理狀態，也能反映出一個人的性格特徵。據說還可以透過觀察路人行走時的姿態，判斷出此人是否受過軍事訓練、是否會使用槍枝。

根據心理學家的研究，人的步態所蘊藏的性格和心理類型可以歸納以下幾種類型：

❶ 昂首挺胸，以這種步態行走的人大多比較自信，其自尊心也較強，有時則過於自負、好妄自尊大，還可能有清高、孤傲的成分。這種人凡事只相信自己，處處主觀臆斷，對於人際交往較為淡漠，但思維敏捷、做事有條不紊並具有組織能力，能夠成就財富事業和完成既定目標，自始至終都能保持完美形象。

❷ 健步如飛、不顧左右的人遇到緊急情況的時候會不顧一切大步快走，這種人辦事急躁，雖然明快有效率，但缺少必要的細緻，有時會草率行事、缺少耐性。不過，他們遇事從不推諉搪塞，勇敢正直、精力充沛且喜歡面對各種挑戰。

❸ 急速、慌張地疾走，這是焦慮女性常有的步態，她們以小碎步急速運動，不僅顯得慌張，且經常更換方向。如果一個男人的步態也是如此，那麼這將顯示此人喜歡吹毛求疵，而且個性比較陰柔。

❹ 步伐平緩的人走起路來緩慢而又控制得住速度，這些人做事從不急躁，凡事「三思而後行」，絕不好高騖遠，「癩蛤蟆想吃天鵝肉」的情況絕對不會發生在這種人身上。

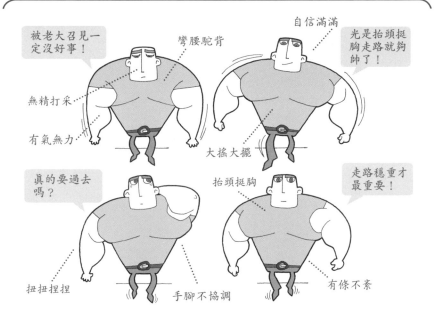

如果他們在事業上得到提拔和重視的話，也許並不是他們有什麼「後台」，而是他們那種**務實的精神給自己創造了條件**。這類人大多秉持「眼見為實」，因此他們一般不輕易相信別人，但能成為他們的朋友會相當不錯，因為他們特別重信義、守承諾。

❺ 大搖大擺的人雖有自信的氣勢，但又充滿自誇與自滿。左右擺動著走，給人的感覺特別舒服，而且沒有任何壓迫感。**邁開大步走是一種冷酷且具有權勢的步態，這樣的步態可以見於那些地位崇高的男性。**

❻ 走路彎腰駝背**給人最大的印象就是自信心不足，缺乏一定的膽識與氣魄，沒有冒險精神。**這種人與人交往時不太會表達自己的感情，但實際上他們特別重視友誼，一旦被他認同就會全力以赴，甚至不惜為對方兩肋插刀。

❼ 翩翩若舞的人多半是女人，她們走路時扭動腰肢、搖曳生姿。她們坦誠、熱情、善良、隨和，可謂是社交高手。有人把有這種姿態走路的女人視為放蕩和輕佻，但更多的現代人認為這是女人嫵媚和迷人的動作，此種人充分展現了女人的風采和氣質。

❽ 手腳協調的人對自己非常嚴厲，不允許有半點的差錯和放鬆，希望自己的一舉一動都可以作為他人的榜樣。他們**具有相當堅強的意志力和高度的組織能力，但容易走向武斷獨裁，讓周圍人畏懼**；他們對生命及信念固執專注，不輕易受別人和外部環境所變動，為實現目的會不惜一切代價。

❾ 手足不協調的人走路姿勢是雙手擺動和腳步行進極不協調，而且步伐忽長忽短，讓人看了極不自在。這種人生性多疑，對什麼事都是小心翼翼、瞻前顧後，而且責任感不強，做事往往有始無終、虎頭蛇尾，甚至會溜之大吉。

❿ 雙腳落地的時候發出清晰聲響的人，行進快捷、昂首挺胸，一副精神煥發的樣子。他們志向遠大、積極進取，精心規劃和打拼自己的未來生活，期望一天比一天過得更好；他們非常**理智，做事有條不紊、規規矩矩，同時注重感情，熱情似火**。

⓫ 走路疾快、橫衝直撞的人不管是在擁擠的人群當中，還是在人跡罕至之地，一律橫衝直撞、長驅直入，而且從來不顧他人的感受。他們**性情急躁、辦事明快、坦率真誠，喜歡結交五湖四海的朋友，不會輕易做出對不起朋友的事**。

⓬ 平時總是優哉游哉走路的人無所事事、遊手好閒、不務正業。他們大多性格散漫、放任隨興，凡事得過且過、順其自然，沒有太高的追求，缺乏進取心。

⓭ 走路連蹦帶跳的人通常是聽到了某種極好的消息，或得到了意想不到、盼望已久的東西會展現出來，這種人的城府不深，不會隱藏自己的心思。他們往往人緣極好，朋友也不少。


當然，也有一些人的行走姿勢是由當時的身體和心情決定，這就需要根據具體的情況來分析。比如，步態蹣跚是一種雙腿沉重的步態，當一個人覺得疲倦或心情鬱悶時，經常會採用這種步態走路。無精打采地走

是另一種疲憊的步態，身體略為前傾，上身有點彎腰駝背，透過身體前傾來幫助行走，這種彎腰駝背的步態最常見於那些地位低下的人身上。

生病或精神憔悴時，人們常慢吞吞、拖著兩腳走路。在醫院裡，動過手術的病人最常出現這種步態；大街上，則可看到流落街頭的老人慢悠悠地走。

有的人走路躡手躡腳，這是一種不光明磊落的步態，當一個人不希望自己的行為被他人察覺的時候，會採用這種步態。

穩健的步態可以表現出一個人蓬勃精神的狀態，給人留下正向的印象；而猥瑣的步態則體現了一個人醜惡陰暗的內心世界，讓人反感。因此，在行走的時候一定要注意自己的步態對自己形象的影響。

# 睡姿透露的內在性格

在睡覺的時候，人的大腦和身體都會得到很好的放鬆。正是因為如此，
一個人的睡姿最容易顯示出其內心層次的個性和不為人知的秘密。

睡覺是人最放鬆的時刻，尤其是很累的時候，好好地睡上一覺就可以將疲勞全都趕走，睡醒後人又會立刻精神抖擻。睡眠之所以能恢復體力和精神，是因為在睡覺的時候人的大腦和身體得到了很好的放鬆。正是因為大腦處於一個很放鬆的狀態，所以從一個人的睡姿最容易窺測出其內心層次的個性和不為人知的秘密。

在睡眠姿勢和性格特點關聯性的研究下發現了一個這樣的結論：一個人以什麼樣的姿勢睡覺，是直接由潛意識表現出來的身體語言。不管是熟睡狀態還是在裝睡，這個人的睡姿往往會顯示出他隱藏起來的某種性格特徵和心理情緒。

以下將介紹不同睡姿所反映出來的人物性格和內心情緒，希望能幫助大家深入瞭解和認識身邊的人。

## ① 趴睡

習慣一整晚趴著睡的人喜歡**強迫別人適應自己的需求**，會將自己的思想強加於別人身上，根本**不在乎別人的感受**，即使感受到了別人的情緒，也只是以散漫的態度來對待他人的感覺。這種人的性格很固執卻沒有什麼大的抱負，只知道看著眼前的利益。

## ② 蜷縮著睡

這種睡姿很明顯表達出睡眠者內心的**不安全感**，所以這種人經常產生自私、妒忌和報復的心態。他們**情緒敏感，非常容易發脾氣**，所以圍繞在他身旁的人們都會非常小心，避免不小心觸碰他的痛處、激起他的怒氣。這些人當中，還有一部分同時喜歡抓住衣被或抱著玩具入

1. 趴睡：習慣將自己的思想強加於別人
2. 蜷縮著睡：情緒敏感，非常容易發脾氣
3. 枕在手臂睡：缺乏自信，在意自己犯錯
4. 側睡：有自信，性格比較穩健爽朗
5. 仰睡：心胸開闊，容易信任他人
6. 彎曲一隻膝蓋睡：經常處於緊張狀態

睡的，這說明他們的警戒心非常強，在選擇朋友方面非常慎重。這種人一般性格比較軟弱，缺乏獨立精神，**遇到困難很容易妥協，責任心也不強**，而且他們往往過於敏感、過於謹慎，常伴隨輕微的神經衰弱，身體有些屢弱。

### ③ 枕在手臂睡

與身體蜷縮的睡姿相反，習慣這種睡姿的人基本上是一個溫文有禮、誠懇可愛的人，但是他們最大的缺點就是有些**缺乏自信**，太過在意自己的錯誤和不足，時常**對自己造成失誤耿耿於懷**，而太過於追求完美的後果，就是往往容易顯得憂心忡忡，而且沒有辦法接受自己的錯誤。

### ④ 側睡

這種睡姿的人一般都是有自信而且性格比較穩健，他們很**瞭解自己的優點和缺點**，處世比較謹慎，雖然有的時候會感到焦躁不安，但是不會

輕易言愁，而且因為他們做事一向努力認真，所以很容易成功，很多**有權勢、有錢的人大多是這種睡姿**。

⑤ 仰睡

　　喜歡仰臥的人通常是比較有膽量、有**獨立精神**，他們大多**心胸開闊，容易信任他人**。他們對自己的行為感覺良好，並且不會擔心得罪他人，但一般情況下，他們比較喜歡平和的生活，所以也不會輕易得罪別人。他們很強調獨立自主和創新能力，討厭說謊和虛偽的人。很多情況下，**他們會顯現出很強的領導才能和號召力**。

⑥ 彎曲一隻膝蓋睡

　　這種睡姿的人容易大驚小怪，而且很少有什麼事情能令他們高興。這種人總是容易看到生活中不好的一面，很**喜歡發牢騷**，正因為如此他們經常處於一種緊張狀態，很容易神經緊繃或**對小事反應過度**。面對這種人，我們應該多開導他們生活其實沒什麼了不起，讓他學著放鬆。


　　一般來說，睡覺姿勢基本上就是這幾種，但是除了基本的睡姿之外，還有一些睡眠習慣也顯露著一個人的性格特徵。

　　比如有些人喜歡睡在床的邊緣，這樣的人有時是**缺乏安全感**的，但是他們擁有比較強的理性思維，**比較能控制自己**隱藏這種不安全感。這樣的人通常具有一定的容忍力，不觸及他們的底線一般不會輕易動怒和反擊。

　　有些人會睡在床的對角線上，這一類型的人相當武斷，他們做事雖然精明幹練，但絕不會輕易向別人妥協，有些固執己見。**他們的控制慾比較強，希望事情在自己的督促下按照自己順利完成**。

　　還有些人喜歡把雙腳放在床外面睡覺，這種姿勢很容易使人產生疲勞感，他們大多工作繁忙，休閒時間比較少，但是在絕大多數時候他們是顯得精力充沛的，而且私底下也相當的活潑，對待生活和工作的態度都

很積極，而且**他們多具有一定的實力和能力，可以對許多事情做出正確的判斷**。

　　有些人喜歡獨睡，這種人無論在工作上還是生活中都是「獨行俠」。他們極重視私人空間，認為這是神聖不可侵犯的，即使是最親密的人也不可以隨便闖入。他們把自己的內心世界看成是生命的堡壘，不願意與別人傾心相處。所以有些時候，這些人顯得自戀。

　　還有一種睡眠習慣是裸睡。喜歡裸睡的人嚮往自由，很感性，做事隨心所欲，很不會顧及他人的感受，這使他們很容易受到莫名的排擠和指責。

還記得多少？測試一下吧！

# 上身動作傳遞的信號

當遇到危險時，不管是真實還是幻想，我們的大腦都會指揮上身要躲避，
或是召集身體的其他部位來保護自己。

上身是人體眾多器官的載體，其中**包括心臟、肺、肝和消化道等，也是人體中最脆弱的部位，因此大腦會格外注意對它的保護。**當遇到危險時，不管這種危險是真實還是我們幻想的，我們的大腦都會指揮上身要躲避，或是召集身體的其他部位來保護那些重要的器官。保護的方式也是各式各樣，有的很微妙，而有的則很明顯。

人體上身雖然不像手腳一樣靈活多變，可以做出不同的姿勢和動作，但是人體上身的很多行為和腳部的動作一樣，也是能夠反映出情緒大腦（大腦邊緣系統）的真相，從人體上身所表現出的不同姿態中可以探知一個人的心理活動。

## ① 上身側傾是躲避的信號

和身體其他部位一樣，我們的上身在感覺到危險時的第一反應就是逃離。比如當有東西拋向我們時，我們的邊緣系統會向上身發出立刻躲避的信號。這種反應與襲擊物體的性質無關，不管是棒球，還是正在行駛中的汽車，只要我們感覺到了就會趕緊閃躲。

同樣的，當一個人站在一個令人討厭或自己不喜歡的人旁邊時，他的上身會傾向遠離這個人，比如乘坐公車或地鐵時，當我們的旁邊站著一個長相猥瑣或是個人衛生不太好的人時，我們的上身就會做出遠離他們的舉動。

我們不僅會將上身遠離令自己不舒適的人，還會漸漸遠離那些沒有吸引力或令人厭惡的事物。

美國大屠殺紀念博物館開館後，許多人都蜂擁而至地參觀，但只要細

心觀察就不難發現那些遊客在第一次靠近這種展品時所表現出的迥異姿態。有些人將身體探向展品，試圖觀察每一個細節；有些人則在靠近展品時略顯遲疑；也有些人會先靠近展品，然後隨著納粹政權的殘暴對他們感官衝擊的加深，會慢慢、輕輕地離開。還有的人顯然是被那種殘酷嚇壞了，突然轉身離開。

有時候保持距離的動作會出現得很突然而且微妙，也許只是略微將身體轉換一個角度，比如情感上產生距離的夫婦，他們的身體接觸也會隨之減少，變得較不牽手，也盡量避免接觸，在並肩坐著的時候，也會將身體遠離對方。他們在彼此之間搭建了一個沉默的空間，即使在不得不坐在一起時，如坐在汽車後座，他們也只會將頭轉向對方而不會將身體傾向對方。

## ② 上身前傾是舒適的信號

當我們遇到喜歡的東西時，我們的上身就會傾向它，遇到喜歡的人時也一樣。所以，當**上身傾向對方時所傳遞的就是一種舒適的信號**。

在身體語言中，將身體傾向對方的行為被稱為「腹側前置」，即我們會將身體的腹側展示給我們喜歡的人或事物。當我們的孩子跑過來擁抱時，我們會移開一切可能阻擋孩子的東西，包括雙臂。我們會將腹側前置，是因為我們感到這樣是最熱情的，也是最舒適的。

相愛的兩個人會將身體傾向對方，他們的臉會靠得很近，因為這樣能進行更親密的視線交流；並且將上身傾向對方，也表示將自己最脆弱的部位展示給對方，這是大腦邊緣系統的一種經過演化的反應。

大腦邊緣系統除了會對視覺做出反應，對合胃口的談話也會做出一定的反應。

在會議室和其他活動上，**觀點相同的人會親密地坐在一起**並向對方展示自己的腹側，還會融洽地傾向、靠近對方。**當人們意見不同時，他們會**

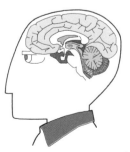

**緊緊地控制自己的身體，避免腹側前置**（除非受到什麼攻擊），這種情況下他們很可能會將身體遠離其他人。這樣的行為是在下意識地告訴別人：「我和你意見不同。」

與其他非語言行為一樣，這樣的動作也要放到具體的環境中去解讀，例如一個職場新人看起來比較僵硬和約束，這並不表示他們不喜歡會議內容或持不同意見，他們只是有些緊張。

### ③ 上身保護是不安的信號

如果**現實情況不允許我們遠離自己不喜歡的人或事物時，我們會下意識地用手臂或其他東西為自己築起一道壁壘。**

女性的上身保護行為比男性要多得多，尤其是當她們感到不安全、緊張時。為了保護自己的上身並令自己感到舒適，女性可能會將雙臂交叉放於胃部；她們可能還會用一隻手臂斜跨胸前，然後抓住另一隻手臂的手肘，這也是一種壁壘。

女性的這兩種下意識的行為都是為了保護和隔離自己，一般還會用筆記本、背包、公文包或錢包來遮擋自己，特別是一個人獨處的時候。

相對來說，男性的上身保護行為則要細微得多。英國的查爾斯王子就經常在公共場合做一些細微的動作，如伸出手去拿東西、整理衣袖或把玩袖口。男性喜愛的另外一個小動作是固定領結，因為這種動作可以讓手臂護住胸前和頸部部位，這類保護動作的出現說明這個人在那一刻產生了些許不安。孩子們在不高興或不聽話時也會將雙臂交叉，就連較小的孩子也會這麼做。

這些保護行為有各式各樣的形式——將雙臂交叉放於腹部，或將雙臂交叉得更高並用雙手抓住雙肩。

　　有人可能會說交叉雙臂可能只是因為冷而已，即使這樣也不能否定非語言行為的意義，因為寒冷也是一種不適。在被詢問中感到不適的人（如犯罪調查中的嫌疑犯、犯了過錯的孩子或工作中出現問題的員工）經常會喊冷。

④ 上身彎曲是謙遜的信號

　　彎腰動作的含義在全世界幾乎都一樣，無外乎奉承、尊敬或受到表揚（如掌聲）時的一種謙遜。例如，我們可以觀察一下現在的日本人和韓國人是如何藉由鞠躬表示對別人的尊重和敬意的。

　　人們所做出的上身動作除了上述幾種外，有的還會做出挺起胸膛或是露出部分上身的舉動，挺起胸膛是人類在試圖掌控自己的領地時會做的動作，是一種威脅的體現，所以挺胸的動作是不容忽視的。露出部分上身和挺胸動作的意義相差無幾，當你和別人發生爭吵時，如果對方突然摘掉了帽子或脫掉了襯衫，那你就要小心了。

你的上身和手部行為互相抵觸囉！

# 舉手投足的觀察

人在舉手投足間常常會透露出他的
修養，或者溫文爾雅的氣質，或者紳
士睿智的才情……同時，舉手投足間
更能反映一個人內心的真實意圖，如
若想擁有能從小窺大的本領，就必須
擁有一顆善於觀察的敏銳的心。

# 手部的千言萬語

大腦面對威脅的邊緣反應之一是手部顫抖。不只是消極的情緒會引起手部顫抖，有時候積極的情緒同樣也能引起手的顫抖。

人類的手是最獨特的，可以抓、劃、刺、打、握，還可以感受、感覺、衡量和改造我們周圍的世界；它能撥動琴弦、雕刻塑像、能繪出精美的圖畫、建成金字塔，還能築出萬里長城。人類的手經過幾百萬年的進化，已經變得越來越靈巧，特別在互動溝通中，都會本能地啟動我們的手去表達我們的情緒、思想和感情，真實反映我們內心深處的想法。因此，細心注意手部動作非常重要，因為有時在抬手一瞬間就傳遞了千言萬語的訊息。

透過一個人的手就能判斷其所從事的職業或經常參加的運動。從事體力勞動的人的手會比較粗糙僵硬，在農場工作的人或運動員的手上可能會留下疤痕，站立時雙手放在兩側且手指併攏的人可能有過從軍的經歷，吉他手慣用手的指尖上常常留下厚厚的繭。

此外，手還能反映出我們對自己的關懷程度以及對社交慣例的態度。有的手一看就知道它受到了細心照顧，有的則是髒兮兮的，有的手指甲被修剪得整整齊齊，有的則顯得疏於打理。另外，人們一般會把咬指甲作為緊張或沒有安全感的表現。

有的人手心容易出汗，伸手一握便給人一種潮濕的感覺。大多數人認為手心出汗是因為太熱的緣故，但**手心出汗不只是因為熱，還與緊張或壓力有關**。因此，通過一個人是否手心出汗，你可以猜測他是否正處在壓力狀態下（這是邊緣反應的結果）。

也有人錯誤地認為，手心出汗說明這個人一定在說謊，這樣的推理顯然是有問題的。

在大腦的凍結（freeze）、逃跑（flight）或對抗（fight）反應中，神經系統被激發的部分（交感神經系統）也管理著我們的汗腺。

很多很簡單的事情，比如見到陌生人，也會引起手心出汗，因此並不能當作欺騙行為的標誌。事實上，約有5%的人經常大汗淋漓或長期出汗（這種情況稱為「多汗症」），手掌出汗也在所難免。在某些案例中，手心出汗還可以被認作一種遺傳性障礙。所以要格外注意，有些人說謊時手心會出汗，但手心出汗未必就表明說謊。

如果你是一位手心容易出汗的人，建議你在與人握手時先擦乾自己的手，特別是比較重要的人，如老闆、商業夥伴或備受歡迎的人，因為沒有人喜歡濕濕黏黏的感覺。

我們身體中的部分肌肉能夠控制我們的手和手指，做出各種精確細緻的動作。當我們的**大腦邊緣系統感受到壓力和緊張後，神經傳導物質和腎上腺素之類的激素會激增，進而引起手掌顫抖**。當我們聽到、看到或想到一些不好的事情時，我們的手也可能會顫抖，如果這時手中握有某種東西，這一現象就會更為明顯。

此外，不只是消極的情緒會引起手部顫抖，有時候積極的情緒同樣也能引起手的顫抖。這種情況也許發生在我們中了彩票的時候，也許發生在我們贏牌的時候；當父母、配偶和其他家庭成員在機場興奮而焦急地等待回來的士兵或親人時，他們的手常常也會顫抖。為了不讓手顫抖，他們可能會抓住自己或別人的手。這一點從「披頭四樂團」第一次訪美的影片就能得到證實，當時無數少女緊緊地握住雙手，為的就是抑制她們那因為過度興奮而顫抖的雙手。當然，在判斷手掌抖動的原因時，一定要注意觀察周圍的環境。

手一直抖，是興奮還是害怕？

如果伴隨手顫抖的是安慰動作，如觸摸頸部或抿嘴唇等，那麼基本上可以判定這種行為和壓力（或其他消極的事情）有關。

手掌的顫抖雖然包含大量訊息，可以作為一個人非語言行為的基線。但有一點需要注意，那就是神經性疾病患者（如帕金森綜合症患者）的手顫反映不出任何情緒狀態，還有的人手顫是長期服用咖啡因、酒精或毒品的結果。

一般來說，有效的手部動作能夠引起人們積極的反應。很多成功的演員、魔術師和演講家都深諳其道，希特勒就是一個最生動的例子，讓我們一起來看一下他是怎樣運用手勢提高自己的交流技能。

這位在「第一次世界大戰」中的二等兵是個不折不扣的小人物，他上台前沒有接受過任何專業訓練，也沒有過上台演說的經驗，他的演說才華是自己對著鏡子練習出來的，後來他又把自己的手勢拍了下來反覆練習，以便形成一種更引人注目的演講風格。後面的事我們就都知道了，他憑藉其煽動本領成為了第三帝國的首領。希特勒練習手勢的影像資料現在仍館藏保存中。

同樣的道理，消極的手部動作會給人留下消極的印象。與人交流時，我們很希望能看到對方的手，這是因為我們的大腦認為手部動作是整個交流過程中不可分割的一部分。**當對方的雙手離開我們的視線或失去表現力時，我們對對方人品和信譽度的信任感也會減半。**

### 隱藏手部的心理測驗

先讓一群年輕人互相訪談並要求一半的人將手放在桌子下，而另一半人將手放在顯眼處，15分鐘後訪談結束，他們發現將手放在桌子下面的人給對方留下的印象一般都不太好，畏首畏尾（有所保留）、鬼鬼祟祟，甚至虛偽；而另一組給人留下的印象則較好，大方、友善，沒有人被認為虛偽。

　　儘管這不是什麼科學實驗，但結果還是能夠給我們一些啟示的。行為學家也曾對陪審團進行過調查，同樣也發現了一個有意思的現象：陪審員非常不喜歡律師站到演講台的背後，他們希望看到律師的手；陪審員更不喜歡證人將手藏起來，那樣的動作會讓他們產生消極的認知，他們會認為證人可能有所保留或在說謊。雖然這樣的行為和欺騙並沒有什麼必然關聯，但陪審員的認知也不是沒有道理。所以，不論在什麼場合都不要把自己的手藏起來。

　　雙手就在你前面，你可以很快看出對方的情緒和想法，如果能針對性地有效應對，你會看起來更有信心、更有謀略，感覺更成功，還能贏得更多的友誼、關愛、幸運和財富！

# 相同手勢，不同含義

同一種手勢在世界不同的國別或相異的民族所表達的意思可能相近，
也有可能風馬牛不相及，甚至有可能是截然不同。

---

手是人身體活動幅度最大、被運用操作最自如的肢體，因此人們在日常生活中時時都離不開它，形形色色的手勢語言也應運而生。手勢語言是身體語言中最重要的組成部分，是最重要的無聲語言。

同一種手勢，在世界不同的國別或相異的民族所表達的意思可能相近，也有可能風馬牛不相及，甚至有可能截然不同。

以下幾種常見手勢語言所表達的含義，無論是對我們在日常生活中與人進行交往，還是進行商業合作都十分有幫助。

① 擺手的手勢

美國人打招呼時是擺整隻手；在歐洲，人們見面時習慣用「擺手指」來打招呼，其具體做法是：向前伸出胳膊，手心向外但胳膊不動，只是用手指上下擺動。

如果歐洲人前後擺動整隻手，則表示「不」、「不對」、「不同意」或「沒有」。在世界許多地方，擺手表示讓人走開，在希臘和奈及利亞，在別人面前擺動整隻手意味著極大的侮辱，距離越近侮辱性越大；在秘魯，前後擺動整隻手則表示「到這來」。

② 搓手的含義

處於懷疑或有壓力狀態下，人們通常會輕輕地用拇指去摩擦另一隻手的手掌；當形勢變得更為嚴峻時，更會突然變成十指交叉摩擦。

擺手在不同國家的意義是不同的喔！

搓手的意義卻差不多！

　　十指交叉是苦惱的信號，這種動作在很多場合都經常能見到。當某個極其微妙的話題出現時，對方的手指就會向上伸直接著就會上下搓動，這是因為**手與手的接觸有安慰大腦的功效**。

### ③「V」形手勢

　　這種手勢是伸出食指和中指，其餘三指彎曲，形成如英語字母「V」的形狀，手心向外，表示「勝利」的意思。這一手勢來源於英國首相溫斯頓・丘吉爾。在第二次世界大戰中，英國在對德抗戰中處於較為不利的地位，首相丘吉爾在演說中使用了這樣的手勢，代表「victory」（勝利）之義，號召人們起來保家衛國，堅決同法西斯鬥爭到底。

　　這一手勢受到人們的歡迎和喜愛，很快風靡全國；現在，這一手勢已經風靡全世界。在賽場上，在人們互相祝賀的各種場合，都不難發現這一手勢頻頻亮相。

　　不過，值得注意的是如果將手心向內做出這樣的手勢，在英國和澳大利亞、紐西蘭等國，就成了一種猥褻侮辱他人的信號了。所以在這些國家使用該手勢時一定要特別注意，以免造成誤會。

　　當然，在歐洲大部分地區，手掌朝內仍然代表勝利，所以如果一位英國人想用手掌朝內來對一位德國人表示「去你的」之類的粗話，可能這位德國人會懷疑英國人對於「勝利」有什麼想法。

　　此外，這個手勢在大部分歐洲地區也表示「二」，所以如果這位被侮辱的德國人正巧是位酒吧侍者時，他可能就會給這位英國人端來兩大杯啤酒。

我要七把槍！

### ④「7」字手勢

　　伸直大拇指和食指比成「7」的形狀，在大多數地區表示數字「7」，不過值得注意的是，這個手勢在歐洲表示 2、中國表示 8。

　　這一手勢還曾用來表示手槍。這是因為在使用手槍時，就是以拇指抵住槍的後部，以食指扣動扳機，而

其他的三個手指握住槍把，使用姿勢稍加變形就成了這種手勢。

### ⑤ 「O」形手勢

指的是用食指和大拇指兩指尖連在一起，其餘三手指微曲而構成的手勢。這一手勢於 19 世紀初期風靡美國，其意義相當於英語的「OK」，即「好了」、「一切妥當」等意思。

### ⑥ 十指交叉

就是將兩手十指交叉在一起，置於桌上或身體一側的動作。許多情況下，人們將這種姿勢看作是自信的表現，因為使用這一手勢的人總是神情自若、面帶微笑，言談中也總顯得無憂無慮。

但這其實是一種表示焦慮的人體信號。**當一個人不知道對方對他所做過的事瞭解多少時，內心會特別焦慮**，而這一手勢動作恰恰暴露了他的心態。

人的許多情感都可以藉由手掌流露出來，十指交叉實際上是在控制他露出「沮喪心情」。同時，這個姿勢有時也暗示著一個人的敵對情緒。正常情況下，十指交叉並攏在一起表明動作者極缺乏自信，但是當拇指向上伸直時，含義就完全不一樣了。我們便可以判定，這種行為一定表達著某種積極的情感。

情況到底有多糟糕？

### ⑦ 尖塔式

尖塔式：就是將雙手的手指張開，然後做出與「合掌」相似的動作，但是十指並未交叉，手掌也可能互不接觸。做這個動作時，雙手的形狀就像教堂的尖塔，所以稱為「尖塔式手勢」。**這個手勢是最具自信的一種動作**，它能讓人準確地知道一個人對某件事的看法。

狀況似乎很明顯了！

在法庭上，證人用尖塔式手勢強調某一點，或表示他們對自己所説內容的高度肯定。

這樣的動作比起把雙手放到膝蓋上，或者是十指交叉的行為更能讓陪審團信任。有趣的是，當檢察官做出相同的動作時，證人證詞的可信度將進一步被鞏固。

環境的變化會讓人們對周圍事物的反應做出相應的變化，所以當人們的自信發生動搖或產生自我懷疑時，人們原本尖塔狀的手指就會交織在一起做祈禱狀。這些非語言行為的變化能夠十分精確地反映出人們對事件不斷變化的態度，所以當人們的手勢從尖塔式到祈禱式來回變化時，就能斷定他內心正在自信與懷疑之間猶豫。此外，尖塔式手勢的位置一定要靠上，這樣更能體現自信的力度，所以行為學家建議**在面試或是談判中，在桌子下面或是十分低的位置上做出這種手勢的人應勇於將它搬上桌面。**

# 彈指間暗藏的玄機

人們的手部表達不僅使用單一的手指，有時還會使用兩根手指來表達，
當然在不同的地區所表達的意思也是不盡相同。

---

人的十指能夠表達很豐富的訊息。手指表達既可以只使用一根手指，
也可以使用兩根以上的手指，甚至十根手指一起使用，**我們每個人都是
使用手指的高手，只是我們從未留意過罷了**。接下來，就讓我們來看一
下各種手指表達裡所蘊藏的玄機。

### ① 伸出大拇指

在所有的手指中大拇指的地位最重要，因為在手指所能夠完成的任務
中大多需要仰賴大拇指。**豎起拇指的手部表達通常被認作是高度自信的
非語言信號**。當人們將拇指高高豎起時，表明他們對自己評價很高或是
對自己的思想、現狀感到自信。

不過，這種手勢有大拇指向上、向下和橫向三種，這些不同的方向在
不同國家代表的意思也不盡相同。我們先來看向上伸大拇指，**大多數國
家對這個手勢都有誇獎和讚許的意思，意味「好」、「了不起」、「很棒」、
「最高」等褒獎的意思**，但在澳大利亞，豎大拇指則是一個粗野的動作。
如果是用翹起的拇指指尖指向特定的對象，這種拇指姿勢表示的則是嘲
弄、貶損或輕視、看不起的意思。例如，面對一個剛剛從身邊走過、平
時很看不起的人左右晃動拇指，這就明白無誤地表達了他內心的態度：
「瞧他那副德性！」如果是橫向伸出大拇指，在美國、印度、法國通常
在攔路搭車時使用，表示要搭便車，還有另外一種表達方法就是將手腕
調轉，讓大拇指朝向地面，這一手勢大多代表了否定或是貶義。

還有一部分人（通常為男性）會做出將大拇指放進口袋但將其他手指
掛在外邊的動作，這是極度不自信的表現。在應聘場合中，這樣的動作

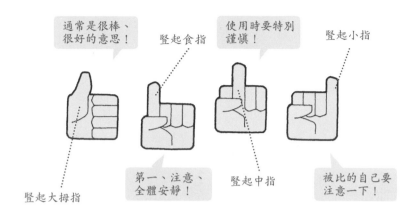

通常是很棒、很好的意思！　豎起食指　使用時要特別謹慎！　豎起小指

豎起大拇指　第一、注意、全體安靜！　豎起中指　被比的自己要注意一下！

就等於在說「我對自己不太確定」。在工作場合，主管一般不會做出這樣的動作，即使在放鬆時偶爾做出這樣的動作也只是暫時的。你可以自己做一下實驗，站立時將拇指放在口袋裡，然後問問別人對你這種動作的感覺，他們會告訴你，這種姿勢讓你看起來有點唯唯諾諾。

### ② 伸出食指

在東方大多數國家向上伸食指表示的是數字「一」；而在美國，需要**讓對方稍等**時使用的就是這個手勢；在新加坡，談話時伸出食指表示所談的事最**重要**；在法國，學生在課堂上向上伸出食指，老師才會讓他回答問題；在澳大利亞的酒吧、飯店向上伸出食指，表示「請來一杯啤酒」；在墨西哥、馬來西亞，這一手勢表示順序上的第一；在中東，用食指指東西是不禮貌的；在緬甸，請求別人幫忙或拜託某人某事時，都要使用這一手勢。

伸出彎曲的食指這一手勢在中國表示數字「9」；在日本，表示「小偷」或「偷竊行為」；在斯里蘭卡表示「一半」；在緬甸表示「5」；在墨西哥表示「錢」或「詢問價格」；在韓國表示「有錯」、「度量小」；在印度尼西亞表示「心腸壞」、「吝嗇」；在泰國、馬來西亞表示「死亡」；在新加坡伸出彎曲的食指還表示拳擊比賽的「擊倒」。

如果伸出食指頻頻內彎是召喚的意思表示。在美國如果要引起別人注意，例如要召喚一名服務生，最普通的手勢就是舉起手並豎起食指到頭部或再高一些的位置頻頻內彎。如果伸出食指放在緊閉的嘴邊，或在嘴邊來回搖晃，則常常表示讓別人閉嘴。

### ③ 伸出中指

單獨伸出中指的手勢**在世界絕大多數國家都意味著侮辱或詛咒**。在美國、澳大利亞、突尼西亞，這種手勢意味著淫亂，表示侮辱；在沙烏地阿拉伯表示惡劣行為；在法國表示行為下流齷齪；在菲律賓表示詛咒、憤怒、憎恨和輕蔑；在新加坡表示侮辱性行為；在中國表示對方「胡扯」或對對方的侮辱。

### ④ 伸出小指

單獨使用小指與大拇指所表示的意義相反，**通常表達的意思則是「小人物」、「微不足道的人或事物」等。這是由於在人們的意識中，小指在手指中個頭最小，因此也被認為是作用最小的一個。**

在不同的國界，伸小指所表達的意思還是有一定差別的。例如，在中國這一手勢表示「小」、「微不足道」、「最差」、「倒數第一」，並且衍生表示「輕蔑」；在韓國則表示「妻」、「妾」、「女朋友」；在菲律賓表示「小個子」、「年少者」、「無足輕重之人」；在日本表示「女人」、「女孩」、「戀人」；在美國表示「懦弱的男人」或「打賭」；但在泰國和沙烏地阿拉伯向對方伸出小手指，表示彼此是「朋友」，或者表示願意「交朋友」；奈及利亞人伸出小手指含有「打賭」之意；在緬甸和印度這一手勢表示「想去廁所」。

### ⑤ 兩根手指的語言

在生活中，人們的手指語言不僅使用單一的手指，有時還會使用兩根手指來表達，當然在不同的區域所表達的意思也是不盡相同的。比如，使用中指和食指交叉相疊的手指在中國表示數字「10」和「加號」；在

香港這一手勢則表示「關係密切」；在澳大利亞表示「期待」、「期盼」；斯里蘭卡表示「曲折」和「邪惡」；在英國、美國、法國、墨西哥、新加坡、菲律賓、馬來西亞，這一手勢表示「祝願」、「祈禱幸運」；在荷蘭表示「發誓」、「賭咒」或指「對方撒謊」；在印度表示「結束」、「完成」；在奈及利亞表示東西或數字「相加」。

　　如果雙手大拇指不停地有規律地互相旋繞，在英美等國表示的是「無事可做」、「極其無聊」之意。

　　此外，還有捻東西的手勢，即拇指與食指相捏然後用拇指向上，食指向內，做出兩指相捻的動作。在使用這一手勢時，食指是向裡、向內移動的，這一動作暗示了談錢者希望收回錢的願望。當人想得到各種形式的好處時，其食指一定會向「內」移動，這是無意識地對有形的錢或無形的其他好處的「期盼」與「接收」。商人、推銷人員、銀行職員等經常與錢打交道的人常常使用捻指的手勢動作表示「錢」。

　　這是因為在日常生活中，人們使用這一動作來點錢。如果細心觀察，你不難發現捻大拇指的手勢在那些社會地位較低、沒有受過良好教育的人使用頻率比較高。相反地，對於那些社會地位較高、所受教育程度也較高的人，就很少使用這種手勢來表示「錢」，因為這種手勢不夠文雅，與其身分地位不相符。

剛剛提到的重點都記得了嗎？

# 「摩拳擦掌」表達的心情

雙手手掌不停地摩擦到底傳達怎樣的訊息？其實，摩拳擦掌傳達的
是一種積極的期待。

雙手不停地摩擦這一動作我們經常在日常生活中見到，這樣的舉動到底傳達怎樣的訊息？表達行為者怎樣的心情呢？其實，摩拳擦掌傳達的是一種**積極的期待**。

通常當人們困窘、心情急躁、不知所措或興奮激動時，都會使用這種手勢。當然，摩擦手掌所表達的意思也並不是那麼單純，想要正確解讀摩擦手掌的身體語言還需要對擦掌的速度進行區隔分析。

假如一個人遇到事情時，擦掌的速度很慢並且眉頭緊鎖，一副不知所措的樣子，那麼此人多半是有不易解決的難題，此時的擦掌表示他正猶豫不決。譬如，推銷員在向顧客推銷商品時，如果看到顧客出現摩擦手掌的動作，這表明他已經產生了需求的願望，如果摩擦手掌的姿勢比較緩慢則表明他心存矛盾，一時還拿不定主意，這就需要推銷員的進一步遊說。

如果擦掌的動作速度較快，臉上同時帶有一種急於表達的神態，這個時候則代表他非常期待、躍躍欲試。

在小學生的體育課上，老師問誰能夠跳過某一高度時，有這一能力的學生總是按捺不住，希望被老師點到或是直接站出來。這時，他往往會不由自主地搓著雙手，由於情緒比較激動，血液流動加快，可能致使臉色變得紅潤。

在會議討論時，有的人已經準備得差不多了，但別人一直在發言，自己沒有發言的機會，這人就會出現摩擦手掌的動作。事實上，他那是在向別人表示：我已經思考有些時間，是該輪到我大展身手的時候了。在擦掌的時候，有人還會按壓手指骨節發出聲響，這是一種更加急不可耐

的表現。所以作為教師對有這樣表現的學生要多加注意，適時讓學生展露自己的能力，調動學生的積極性和求知慾。

---

### 單位主管與經理人要注意員工的這種動作

在許多場合有這種表現或者屬於那種比較活躍和積極的人，有較強的表現慾望，或者屬於老成持重之人，且已經有了比較好的意見要提出來。不論哪種情況，都需要加以注意，盡量為其提供表達的機會，同時加以鼓勵和引導，這樣就能較好地調動員工的工作積極性，保持他們對工作的熱忱。需要十分注意的是，**尤其是在人較多的情況下，不要故意冷淡甚至嘲諷這樣的人，不然可能導致結局非常尷尬，最終澆熄他們的工作熱情。**

---

此外，人們摩拳擦掌的速度還暗示了他們認為誰會成為此次會談的受益者。比方說，你到了一家房產經紀公司看房，當你陳述完購房要求之後，房產經紀人一邊摩拳擦掌一邊說：「太好了，我手頭就有一間你想要的房子！」在時，房產經紀人希望藉由這一動作讓你知道你將會是這筆買賣中的受益者。試想一下，如果當他說這句話的時候，摩擦手掌的速度十分緩慢，你會有什麼樣的感覺呢？你很可能會覺得他隱瞞了一些事情，甚至會覺得他希望此次交易自肥而不是幫助你。

摩擦手掌的速度**暗示出了做此動作者心目中的受益者**。所以，告訴銷售工作人員一個簡單的促銷方法：在向準顧客描述產品或介紹服務的時候，最好能配合這個動作，而且速度一定要快，以免引發顧客的防備心理。

# 涉嫌說謊的手部動作

與誠實的人相比，說謊的人通常會盡量減少各種手勢和接觸，也很
少移動四肢。這種行為與邊緣系統一致。

大多數的人對於能夠透過一個人的臉部表情、身體語言、語音語調來
解讀他人的內心持有懷疑的態度，他們不相信只是從一個聳肩、一個搓
手、一個抿嘴就能讀懂對方的心思。但事實上，一個人的表情或肢體動
作往往的確能反映出他的內心世界。許多人的懷疑只是因為無法解讀，
這一節我們就從涉嫌說謊的手部動作來解讀。

與誠實的人相比，說謊的人通常會盡量減少各種手勢和接觸，也很少
移動四肢。這種行為與邊緣系統是一致的，這種變化受制於大腦的邊緣
系統（系統一）而不是思考大腦（系統二）。因此，它們比語言更有可
信度，它們能夠告訴你對方的真實想法。**當人們說出真話時，他們會盡
力地確認對方能否聽懂他們的講述，也會用各種手臂和面部動作加以強
調。而說謊者的表現則完全不同。**

而在生活中，這些人可能會表現得非常自然，自然到讓你看不出一絲
破綻。那麼，我們又如何能夠判斷出別人話語的真實性？以下是一系列
涉嫌說謊的手部動作。

① 說話時用手摸鼻子、遮嘴巴

「摸鼻子」是人們在說話時經常會做的一個動作，可能是輕輕地來回摩
擦著鼻子，也可能是快速碰一下就把手移開。女性在做這種動作時，會
非常輕柔、謹慎，因為怕破壞臉上的妝容。

古時候的人通常認為「鼻子直通大腦」，這樣一來鼻子就成為一種為
大腦傳達信號的工具。而某些研究顯示，一個人在**說謊時鼻子的神經末
梢感到不適，摩擦鼻子是為了緩解這種感覺**。另一種比較可信的說法認

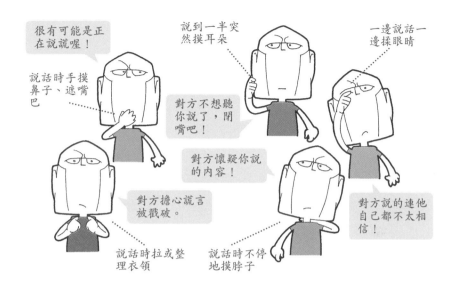

很有可能是正在說謊喔！

說到一半突然摸耳朵

一邊說話一邊揉眼睛

說話時手摸鼻子、遮嘴巴

對方不想聽你說了，閉嘴吧！

對方懷疑你說的內容！

對方擔心謊言被戳破。

對方說的連他自己都不太相信！

說話時拉或整理衣領

說話時不停地摸脖子

為，當不好的想法進入大腦之後，下意識就會指示手去遮住嘴，但又怕表現得太明顯，因此會就勢摸一下鼻子。摸鼻子和遮嘴一樣，都代表做這個動作的人可能有不太好的想法。摸鼻子的動作對說話者來說表示欺騙，對聽話者來說則表示對說話者的懷疑。

當有人與你說話時不自覺地用手護著嘴，**說到一些關鍵點甚至刻意咳嗽藉此用手來遮嘴，這時就要多留意對方的真實性**，此時此刻他說出的話不是有詐便是在說謊，結合前後的交流就不難做出清晰判斷。

說話者用手遮嘴有「心口不一」的嫌疑，那麼反過來看，如果你在說話，對方用手遮嘴又是什麼意思呢？

如果是一對一的交談，最好是**暫停下來確認他是否有不同的意見**；如果是一對多的演講，台下的聽眾不少人出現了交叉雙臂，或用手遮嘴的動作，這些動作所傳遞的訊息就是他們認為內容不符合實際或根本是謊言，這時你就要斟酌一下內容，調整一下講話的角度，**盡可能扭轉這種局面**。如果置這種負面氛圍於不顧，堅持說下去不會有好效果，甚至會引起一片質疑。

② 說話時揉眼睛

這種姿勢表示大腦想遮住眼睛所看到的事物，或者是說謊時避免直視對方的臉，是人們「口是心非」的動作。如果你看到誰在說話時不自覺地揉眼睛，那麼他所說的話就要先打折。

男人在做這個手勢時往往會使勁揉搓眼睛，**如果他試圖掩蓋一個彌天大謊則很可能把臉轉開**。相對而言，女人則較少做出揉眼睛的手勢，一般只是在眼睛下方溫柔地輕輕一碰。這一方面是因為淑女風範限制她們做出粗魯的手勢，另一方面也是為了避免弄壞妝容。但是和男人一樣，女人們撒謊時也會把臉轉向一邊，以躲開聆聽者注視的目光。

③ 說話時用手抓耳朵

子曰：「非禮勿聽」，就是想防止不好的事情傳進耳朵的意思。譬如，小孩不想聽父母的嘮叨時用雙手掩住耳朵；而成年人在別人講話時的抓耳朵動作就是從幼時的動作演變而來，只不過更具隱蔽性。所以，當有人對你做出這種動作時，就要注意了。

其他的動作還包含**摩擦耳背、用手掏耳朵、拉耳垂等，都表示聽話的人已經聽夠了、不想再聽，或是想由被動（聆聽）變為主動（講話）的意思**。有時，拉耳垂也表達內心的某些不安，並有對話題感到厭煩，想要打斷對方談話的意思。

不過，抓耳朵有時也意味著當事人正處在焦慮的狀態。查爾斯王子在步入賓客滿堂的房間或者經過熙攘的人群時，常常就會做出抓耳朵和摩擦鼻子的手勢，這些動作顯露出他內心緊張不安的情緒。但當他處在相對安全、隱密的車內時，人們卻從未看到他做出這些手勢。

④ 說話時用手搔脖子

人們在說謊時會引起敏感的臉部和頸部組織的不適感，讓人想透過揉或抓來緩解。也有觀點認為**說謊的人在感到對方懷疑時，脖子往往會冒汗，而當某人說話與事實不符時，以上表現會特別明顯**。

如果觀察這些姿勢時會發現一個很有趣的規律：人們由於緊張、心跳加速而去搔脖子時，每次大約 5 下，很少超過或少於 5 下的。當有人對你說：「我能夠理解你的想法⋯⋯」的同時，又用一隻手的食指搔抓耳部下方或脖子的一側，他此時內心的真實想法則是：「我難以理解你的想法」。也就是說，他口頭向你傳遞的是一種正面訊息，而他的身體語言則傳遞的反面訊息，這時就要避免輕信他的話。

### ⑤ 說話時用手拉衣領

說謊者**在擔心謊言被識破時常會出現頻拉衣領的動作，這是因為說謊者一旦感覺到對方有所懷疑，升高的血壓就會使脖子不斷冒汗**。看到有人做這個動作時，你不妨說：「麻煩你再說一遍，好嗎？」或是「請你有話就直說吧！」這樣就會讓這個企圖撒謊的人露出馬腳。

但是，並非談話中出現上述動作的人都在撒謊，有時候人們一些不經意的小動作，比如偶爾摸一下脖子，也許只是因為那個部位剛好發癢而已。當一個人感到憤怒或者遭遇挫敗的時候，也會用力扯開衣領，好讓涼爽的空氣冷卻心頭的火氣。

所以，在觀察他人身體語言的時候一定要仔細分辨。因為發癢而摸鼻子與受異常心理暗示而摸鼻子之間有明顯差異的，憑感覺是能感覺出來的。比如，人們在搔癢時一般都比較用力，而下意識的動作卻是敷衍了事、不自然。

幾乎可以說沒有人在說話時完全無表情、無動作的，特別是想隱瞞什麼或撒謊的時候，人的雙手常常會不自覺地做出一些小動作。正是因為雙手位於身體易於觀察的部位，**如果細心的話，手的動作還是比較容易觀察到**，所以在交談過程中多留心對方的手部動作，對你分辨對方說話真偽很有幫助。

快記住！

# 手臂動作的態度和情緒

手臂雖然常常被人們忽略，但是它的確可以向我們透露一些真實情感。

---

人類在遇到威脅時總是能做出反射動作。如果有人向我們投擲物品或拳腳攻擊，我們的手臂就會本能地抬起並準確地防禦。雖然大腦可能會意識到手臂未必能完全抵擋，但邊緣系統還是讓手臂抬了起來，可見手臂雖然常常被人們所忽略，但是它的確可以向我們透露一些假裝不了的真實訊息。**與會騙人的表情不一樣，手臂能提供可靠的潛語言線索，讓我們準確地瞭解自己及周圍人的思想、感覺或意圖。**

手臂動作的幅度能準確地反映一個人的態度和情緒，這些動作可被劃分為很多類型，從拘束（受限制、畏縮的）到生氣勃勃（不受限制、舒展的），當我們高興和滿足時，我們的手臂會自由揮舞、透著喜悅；當我們受到傷害、威脅、虐待或感到焦慮時，我們的手臂就會垂落於身側或交叉於胸前。比如，球隊進球的那一刻，我們會立刻伸起雙臂歡呼，而當裁判宣布進球無效時，我們的肩膀和手臂就會馬上垂下來。

### 過度抑制手臂的動作要特別注意

一般情況下，我們的手臂活動是活躍的，如果有人過度壓抑手臂的動作時要特別注意。**此情形在受到虐待的孩子們身上很常見，因為受到虐待的孩子會本能意識到，當他們的動作越多越容易引起別人的注意，也就越有可能受到虐待。**出於這種本能，這些孩子的邊緣系統就會做出一些自我調整，以保證自己的手臂不會引起他人注意。限制手臂動作的行為不僅發生在小孩子身上，在成人中也會出現，只是起因各不相同。

手臂所做出的動作是我們邊緣系統的第一反應，它們是最誠實的，也是最及時的。因此在表達情緒方面，與人的臉部表情相比，手臂的作用毫不遜色，所以手臂可以說得上是名副其實的情感發送器。

一個海關行李檢查員表示，他在出入境檢查站工作時總是很留意行人拿手提包和錢包的動作。他發現，擔心自己包內物品的人——不管是因為價值不菲，還是違禁物品——都會把包抓得很緊，特別是走近海關檢查處時。可見手臂不只被用來保護那些物品，還被用來隱藏那些不想被人看見的東西。

我的行為有這麼明顯嗎？

在生活中，我們完全可能藉由一個人的手臂動作判斷出對方的感覺。例如手臂的動作可以讓你知道正在回家的人的心情，如果**工作很繁重或心情比較沮喪，這個人的手臂會垂在兩側、肩膀也會下沉**。相反地，久別重逢的人們會張開雙臂，好像在說：「過來吧，我要抱一抱你！」

此外，手臂行為還有助於表達很多日常訊息，如「你好」、「再見」、「過來」、「我不知道」、「在那裡」、「在上面」、「停下來」、「回去」、「離開我的視線」、「難以置信」等。

很多手臂動作都是世界通用的，它們是克服語言障礙的工具，還有些動作只在一定的文化背景下使用。

有沒有見過都沒關係，讓我抱抱吧？

# 手放在背後的含義

雙手放在背後時,主要是象徵著權威、自信與力量,但有時可能有著
挫敗、憤怒的含義,可以從輔助潛語言來判斷。

　　當人們雙手放在背後時,主要是象徵著權威、自信與力量,但有時可能有著挫敗、憤怒的含義,可以從輔助潛語言來判斷。

　　將雙手放在背後,雙手緊握、抬頭挺胸,下巴微微揚起,這一系列動作所表達的含義就是「我是不可褻瀆的」,而**這個姿勢也總是與權威、信心和力量相伴相隨。擺出這種姿勢的人通常會下意識地暴露出脆弱、易受攻擊的胃部、心臟、髖部以及咽喉,從而顯示出自己無所畏懼的膽量和勇氣**。如果一個人手背到身後隱藏起來,別人便不易從他的手觀察其心思,因此會給人神秘感。

　　隱藏、看不見的神秘感的威力要比能夠看見的大得多,而且在生活中只有那些有著充分自信、藝高膽大的人才敢於將自己的胸部袒露出來。

　　在面對媒體或大眾時,愛丁堡公爵以及某些男性皇室成員都會習慣性地擺出同一個姿勢:雙手緊握著背在身後。各位領導人以及皇室成員似乎都對這一姿勢青睞有加。

　　大多數警方人員在沒有配帶武器的時候也會使用這一姿勢,而且他們在**做出這個動作的時候通常會盡量挺胸,讓自己看起來更加高大**,還有些時候他們會以腳跟為軸心,有節奏地前後慢慢搖擺。而當他們攜帶槍枝的時候則很少有人採用這一姿勢站立,他們更習慣將雙臂自然地下垂在身體的兩側,或是用大拇指扣住手槍的佩帶。

　　這是因為隨身佩帶的槍枝已經充分地體現了警察身分的權威性,所以他們根本不需要借助把手背在身後的姿勢來體現權力。

　　同樣將雙手放在背後但是**由一隻手抓住另一隻手的手腕**,這一動作所

表達的含義就天差地別了，因為這個姿勢所**代表的含義就是此人內心充滿了挫敗感**，希望能夠藉此動作來找回主控權。

這種將手背在身後的動作能夠產生一種鎮定作用，賦予某種力量使其產生坦然自若、泰山欲崩而不懼的信心；將雙手背在身後，一隻手緊緊抓住另一隻手的手腕或手臂，就是想借助彎曲的手臂來阻止或防禦外界的進攻。

比如，在博物館裡正在研究某幅畫的人，將手臂放於背後就清晰地表達了一種信號──「不要打擾我，我不想和你接觸」。如果一個成長中的孩子每次要求媽媽抱抱時，媽媽總是將手放到背後，那麼這個孩子就會感到非常孤獨，甚至連寵物也是無法忍受人們的漠視和雙手放於背後的，這就等於在告訴它們「我不想撫摸你」。

如果你有一隻狗，那麼就可以做個實驗。當你站在它的面前，將手臂伸出去，但是不撫摸它，然後收回雙手放於背後，你會發現你的狗非常失落。

同時，握住另一隻手的那隻手**握的位置越高，此人心中的挫敗感或憤怒情緒就越強烈**。只要稍加留意，你在許多人身上都能發現上述這種抓握式的背手方式，譬如說進入客戶接待室裡的銷售員，候診室裡等待醫生的病人，在法庭外相見的原被告雙方，他們都希望透過這一動作來掩飾內心的緊張情緒，增強自身的自制力。如果發現自己也做出了這樣的動作，那麼不妨調整一下，換成手握手的形式，相信這一點小小的改變就能讓你感覺更有自信。

你再靠過來試試看……

# 交叉雙臂傳遞的訊息

彎曲的手臂很自然地與對方之間形成了一道屏障，而內心的安全感
也就油然而生了。

---

　　將雙臂交叉置於胸前是經常會看到的一個動作，許多人認為人們做出
這樣的動作只是因為這樣的姿勢讓他們覺得很舒服而已。人的任何一種
姿勢都是與其內心的想法相對應。

　　也就是說，**如果你對某人或某事抱持否定的觀點或態度，或者有防禦
自衛的心理時，那你將雙臂交叉抱於前時，你就會感覺很舒服自在**，我
們之所以沒有發現這一點是因為這一動作很可能源自人類天生的本能。

　　早在遠古時代，我們的祖先就已經學會了躲在障礙物後尋求保護的防
衛方法。當我們還是孩子的時候，一旦感覺有危險，我們就會立刻躲到
像是桌子、椅子、傢俱等固定物體或媽媽的身後；隨著我們逐漸長大，
這種遇到危險就躲避的動作也隨之變得複雜起來。六歲以後，我們就已
經不能再像以前那樣躲起來，於是我們逐漸學會將雙臂緊緊交叉抱於前
來保護自己的動作。當十多歲的時候，我們又學會了可以透過稍稍放鬆
手臂以及配合雙腿交叉的動作來隱藏環抱雙臂的自我防衛動作，從而掩
飾我們內心的恐懼。

　　隨著年齡越來越大，在我們的刻意掩飾之下，雙臂環抱於前這一動作
的防禦也顯得越來越不明顯。不過，每當感到有危險或遇到不樂見的事
時，我們都會下意識地將一隻或兩隻手臂交叉抱於前，用自己的肢體形
成一道身體防線，抵抗外來的危險從而達到保護自己的目的。

　　交叉抱於前的雙臂可以保護心臟、肺這些重要的生命器官，所以這個
動作很可能是源自人類天生的本能。猴子和猩猩在遭遇到正面攻擊的時
候，也會做出同樣的動作來保護自己。

　　不過，這個動作很容易被誤認為不友善、難以接近，這是因為抱於胸

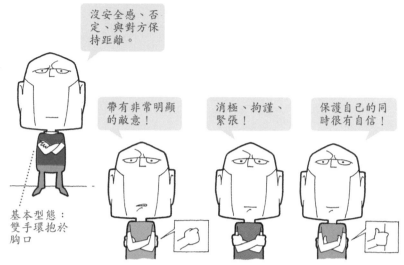

前的雙臂好比是一道障礙物，將自己與他人隔絕起來。雙臂交叉抱於胸前的姿勢有很多種，在人群中的使用比例也相當高，而且世界各地對這一姿勢的理解也幾乎完全相同，就是消極、否定或者防禦。不同的抱臂方式，也代表著不同的性格和心理。

① 握拳式的雙臂交叉姿勢

　　將雙臂交叉於胸前的同時，兩隻手夾於腋下並緊緊地握拳，表示他此刻除了**具有相當強烈的防禦意識之外，還帶有十分明顯的敵意**。如果同時臉上還伴隨雙唇緊閉的微笑，或者露出了牙齒、滿臉漲紅的表情，那麼接下來可能會難以避免口舌之爭，或是更加激烈的打鬥。

　　在這個時候，如果我們還不清楚引起紛爭的原因，當務之急就是用一種較為緩和的方法找出刺激對方情緒的根本原因，同時安撫對方情緒，防止事態進一步惡化。

## ② 抓握式的雙臂交叉姿勢

這是另一種交叉雙臂的方式，其最大的特點就是在交叉雙臂環抱於胸前的同時，兩隻手緊緊抓住另一隻手的上臂，增加雙臂交叉的力量，使這一姿勢更加牢固，能夠更加有效地保護自己。如果雙手握住手臂的力氣過大會阻礙血液的循環，從而使得雙手的手指和指關節都呈現出泛白的情況，這是一種很明顯的安慰、保護自己的姿勢。**當有人做出這個姿勢的時候，就代表這個人在用這種自我擁抱式的雙臂交叉法來安撫、寬慰自己。**第一次乘坐飛機的乘客在等待飛機起飛時也會擺出這樣的姿勢以增加安全感。

抓握式的雙臂交叉法有時還代表著一種消極、拘謹、緊張的心理。在法庭上，原告很可能會採用前文中的握拳式的雙臂交叉法，而被告則多會採用抓握式的雙臂交叉法。

## ③ 拇指外露式的雙臂交叉姿勢

拇指向上的手勢代表做該動作的人十分有自信，而交叉的雙臂則能夠保護自我，給人安全感。那麼，交叉雙臂並露出豎起的大拇指又代表了什麼意思呢？以下我們先來看一個案例：

一家公司舉行了大型的公共活動，活動期間幾位新來的員工被引見給公司總經理。總經理和他們逐一握手致意，之後他便有意識地後退幾步與他們保持一定的距離，大概 1 公尺左右。與此同時，他將手放鬆地垂落於身體兩側，或是將手握手背在身後（體現身分的尊貴）。無論如何，他都很少會擺出雙臂交叉抱於胸前的姿勢，以免讓人感覺他有那麼一絲怯場或緊張的嫌疑。

與總經理恰好相反的是，新來的幾名員工在與高層握過手之後，會因為緊張而做出交叉雙臂抱於胸前或類似的姿勢。因為他們的動作和姿勢都與自身的身分相吻合，所以這次的會面讓雙方都覺得十分融洽。但是其中一名年輕的主管在與總經理握手後，將雙臂交叉抱於胸前的同時做出了雙手大拇指向上豎立的姿勢。

　　如果某人在**雙臂交叉的同時，露出向上豎立的大拇指，表示此人極**
**有自信，覺得自己很棒，一切盡在掌握中**。他們在説話的過程中，還
會用兩隻大拇指來強調自己説話的重點。上述案例中，那位年輕主管
正是認為自己對於公司的重要性絲毫不遜色於總經理，於是這一想法
便透過身體語言展現出來。

　　因此當你向客人推銷自己的產品，如果在接近尾聲時發現對方將雙
臂交叉抱於胸前，且大拇指則保持向上豎立的姿勢，同時還伴隨其他
表示肯定意義的動作和表情的話，那麼此時你大可以放心地向對方提
出簽訂合同之類的要求，因為雖然沒有開口，但是對方已經用身體語
言將自己的購買意願表露得一清二楚了。

　　有些人由於身分特殊常常會不斷地出現在各種公共場合，為了不讓
他人窺探到自己內心的想法，他們不會像普通人那樣直接將雙臂交叉
抱於胸前來保護自己，而是會將一隻手看似輕鬆地搭在另一隻手臂上，
或是他們會去觸摸手提包、手鐲、手錶、襯衫袖口等與另一隻手臂有
接觸的物品，而就**在他們碰觸這些物品的同時，彎曲的手臂很自然地**
**就在他們與對方之間形成了一道屏障，他們內心的安全感也因此油然**
**而生了。**

不要拒絕我……

# 手臂的「領地」宣言

我們可以看出一個很簡單的道理，那就是自信時我們會將手臂伸展出去，不自信時就會收回。

---

我們的手臂除了可以保護我們或保持與他人的距離外，還可以作為「領地」的標記。在外出的途中，很多人都有過這樣的經歷：與一個體積較大的旅伴坐在同一排座位上，那麼你們之間就很有可能會出現搶佔「領地」的情況。

有自信的人或地位較高的人搶佔的「領地」總是比那些沒自信、地位較低的人來得多。例如，佔優勢的人可能會將手臂搭在椅子上，以此讓人知道那裡他說了算。初次約會時，自信的人會將一隻手臂搭在女友的肩上，彷彿那是他資產的一部分。另外在就餐或會議中，地位較高的人總是一坐下來就盡可能多佔「領地」，因此只要多加觀察，就可以評估出一個人的地位。

那麼，用手臂來捍衛領地的動作有哪些呢？

## ① 雙手叉腰

人們做出的**雙手叉腰的動作是一種世界通用的身體姿勢，它傳遞出隨時準備攻擊的信號**。雙手叉腰的姿勢能夠讓我們佔據更大的空間，同時往外的手肘就像武器一樣有威懾他人的作用，阻止其他人靠近或者踏進自己的領地。

這樣的姿勢顯示出對戰鬥準備就緒的狀態，牛仔們在槍戰中就經常使用這一姿勢。這個姿勢之所以能夠展現出當事人隨時準備發起攻擊的狀態，就是因為兩手叉腰這一動作能夠讓當事人渾身上下都籠罩著微妙的攻擊性氣息。

這個動作也被稱為成功者的姿勢，因為它顯示出當事人對既定目標的

萬事俱備，只欠東風！

我的地盤，你別想太多！

我當老二，誰敢當老大！

雙手叉腰

雙手抱頭

伸展手臂

志在必得，或是對某件事情有備而來。男人們經常會對女性做出雙手叉腰的姿勢，以此顯示自己充滿男子氣概的自信風度。

雙手叉腰也常被用來聲明統治權或維護權威。警察或軍人說話時就常會擺出這樣的姿勢，這是他們命令式訓練的一部分。**退伍軍人們如果要進入商界的話最好要弱化這種姿勢**，這樣他們看起來就不會那麼讓人望而生畏了；而警察也要隨時提醒自己隱藏這種動作，因為這樣才不容易在執行便衣任務時暴露身分，而將自己與同伴置於危險境地。

對女性來說這一動作有著特殊的用途，如果是作為時裝模特做出雙手叉腰的動作，則是為了更好地展現服裝的風采。而對於職場上的女性主管們而言，如果在對一群男士的會議上雙手叉腰，則表示她們能夠駕馭一切。一般情況下，當女性走進工作範圍後，男性常常會表現得盛氣凌人，他們雙手叉腰，表明自己的地盤神聖不可侵犯。而女性是完全可以效仿這樣的動作的。

當我們看到一個人雙手叉腰的時候，應該結合當下情境以及他在此之前的身體語言來綜合考量，這樣才能保證做出準確的判斷。比如說他做出雙手叉腰的動作之前，外衣扣子是不是鬆開？他在叉腰的時候有沒有順勢把衣服的下擺帶到臀部？或是在他做出這個動作時衣服就是緊緊扣著的？

如果是在衣服緊扣著的狀態下做出兩手叉腰的動作，那麼這個動作所顯示的態度主要是一種挫敗感；相反，如果衣服是敞開的，他在叉腰的時候還把衣服下擺拉到了臀部，那麼這就是明顯的挑釁態度，因為他把自己的前胸完全暴露出來，以此顯示自己毫不畏懼的心態。如果他把兩腳張開、挺拔地站著，或者叉腰的雙手握成拳頭，那麼身體語言所傳達的攻擊性氣息就更加濃烈了。

還有一種動作與傳統式叉腰（雙手放在腰上，拇指朝後）略有不同，雙手叉腰但拇指朝前是人們在感到好奇或擔心時常會做出的動作。他們擺出這種好奇的站姿（雙手放在腰上，拇指朝前，雙肘朝外）來判斷究竟發生了什麼。如果需要，他們會將拇指轉向外側形成一種更具有控制力的站姿，表現出擔心的樣子。

## ② 雙手抱頭

這是一種與捍衛領地的手臂、叉腰相似的動作，常見於商務會議和其他需要坐著的社交活動。身體後傾、雙手交叉於腦後這樣的動作有點類似於眼鏡蛇，主要的作用是警告其他動物不要靠近自己的領地。

這種抱頭姿勢所產生的效應就像在對別人說：「這是我的地盤。」不過所有表示控制力的動作都有一種強弱次序。比如，在等待會議開始的過程中，辦公室主管可能會做出抱頭的動作，但是當老闆走進來後，這一動作會立刻消失。

## ③ 伸展手臂

當一個人在強調某一重點的時候通常會揮舞手臂，一般認為人們做出這樣的動作就是要聲明自己的主導地位。

衝突發生的過程中，我們很容易可以觀察到手臂動作的變化，一開始手臂是緊靠身體的，當衝突發生時，手臂會開始發生變化——伸出得比較遠，雙手的距離也會拉大。隨著雙方的衝突越演越烈，雙手擴展的領地也會越來越大。

　　這樣的動作表現是一種十分強烈的邊緣反應，它表明做動作的人的一種需求——話語權的需求。一般來說，溫和的人會握緊自己的手臂，而強壯有力或憤憤不平的人則會透過伸展手臂來宣示自己的領地。因為伸展手臂是一種源自於大腦邊緣系統的行為，表達的訊息就是「我很有自信」。相反地，當被問到令對方感到不自在或難以回答的問題時，手臂就會立刻縮回。

　　從上述的例子中，我們可以看出一個很簡單的道理，那就是自信時我們會將手臂伸展出去，不自信時則會收回。

　　在會議或是演講中，如果看到有人將手指張開且指尖按桌面上，那麼它所表達的就是此人非常有自信，並且希望以此來表達自己的自信和權威。在攀談的時候，如果有人將手臂伸展到其他椅子上，則是在向周圍的人宣告他很自信也很舒適。

要一個一個來？
還是全部一起上？

# 握手細節中的潛台詞

握手方式是相對變化不多,而且握手的形式與人格有關,那些握手有力
的人比握手時輕描淡寫、畏畏縮縮的人要自在。

在人類進化的過程當中,雙手曾經發揮了至關重要的作用。因此,雙手與大腦之間的連繫遠遠超出了身體的其他部位。然而,當我們與他人溝通與交流的時候,卻很少有人會去留意自己雙手的動作,或是關注並仔細思考握手的方式。

行為學家曾對握手進行深入的研究,他們評估了一百多名男性和女性大學生的握手方式。在試驗開始前,研究人員首先用大約 1 個月的時間訓練了幾名測試人員,目的是要讓他們能夠熟練地給不同的握手方式編碼。在進行試驗的過程中,學生們並不知道自己的握手方式正被人建檔觀察,他們只與幾位受試人員分別握手,然後再填寫一份人格問卷。

研究結果顯示,**一個人的握手方式是相對變化不多,而且握手的形式與其人格有關,那些握手有力的人比握手時輕描淡寫、畏畏縮縮的人要自在許多。**

此項研究也分析了性別差異,他們發現男人比女人更有力地握手,那些自由、智商高、性格外向的婦女多半也握手有力,給人留下的印象也比那些輕輕一握的女人更深刻。也有相反情況,很多外向型的男人不那麼重地握手,則比那些內向的男人給人留下更差的印象。

這一研究結果對於女性的自我推銷策略非常重要。對女性而言,表現出與男人相似的自信和行為模式是積極有效的,尤其在商務洽談和面試的時候,**一個有力的握手可能會給人留下良好的第一印象,而且不會帶來其他因為自我推銷而引發的諸多微妙反應。**

從上述的調查中可以看出,對方握手的力度和握手時候表現出來的態

度，還有握手時候的行為舉止等，可以推斷出對方的性格特徵以及他內心世界的變化情況。

### ① 握手時很大力的人

你想殺了我嗎？

握手時好像要把別人的手握到粉碎為止的人覺得如果握手的時候不夠用力，就顯得自己不夠真誠，因此他們也總是一握住對方的手就不斷地加大力氣。

這種人自我意識較強，比較不懂得考慮他人的感受，但是他們**性格一般也比較開朗，非常有自信**。人際交往的部分也能夠做得不錯，待人真誠，不會隱瞞自己的慾望。

這類人要注意的是，跟他人握手時很容易因為力氣過大而讓對方感到疼痛，反而得不償失，失去握手的原來意圖。

### ② 握手比較小力的人

這種人情感一般比較含蓄，不會輕易外露，也總是能夠很好地隱藏這些情緒與所有人和平相處。他們看起來很溫和，與人相處融洽、人際關係也很好，而且為人處世比較低調，不會爭強好勝、亂出風頭。

能夠隱忍的他們一般會習慣性地和他人保持距離，即使是親人和朋友，也很難真的走入他們的內心世界，這使他們看起來有些冷漠，感情過於淡薄。**過度依賴別人也是他們的一個特點，遇事難以下決斷，總是想要聽他人建議，這種性格也造就了他們常處於劣勢的地位，總是習慣性的退讓逃避。**

透過握手瞭解你！

### ③ 握住對方的手不放的人

一握住對方的手就不放開的人**一般個性溫厚、感情豐富**。他們溫和的性情讓別人很喜歡向他們傾訴苦水，而他們也總是**認真傾聽，而且提出適當且有建設性的建議**。這些人愛恨分明、感情真摯，但是也很敏感，容易受到外界的影響。對他們來說，如果有人需要幫助就會毫不推辭地給予幫助。如果在與女士握手時也如此的話，那麼必定有些不知變通。

該放手了吧？又不是要跟我求婚……

### ④ 主動握手的人

初次見面的時候，一經介紹就急切地握住對方的手，這種人必定是極為直爽、豪放，性格比較直接，不喜歡拐彎抹角。**對他們來說握手是一種表達真誠的方式，不管對方的身分和地位如何，他們都會搶先伸出手**。這種習慣並不能說不好，但是很多時候會有些失禮。

來嘛！我們握握手！

因為一般來說，當面對長輩、主管、女士的時候，需要等對方先伸出手才能握手，這是一個基本的商務禮儀，而如果連這個都不知道，很容易給別人留下不好的印象。

除了這四種基本的握手習慣之外，握手時一些細微的小動作也能透露一個人的性格特徵和心理變化。當人們處於困境或者自認身分低微的時候，他與人握手一般會將手掌朝上，這是一種表示恭順的方式。手掌向上似乎向對方說：「我不具有攻擊性，不會給你帶來任何的威脅。」這種動作雖然有時候看起來降低了自己的身分，但是這種握手的習慣很容易讓人產生好感和安全感，贏得對方的信任。

而當兩個人地位差不多的時候，那麼他們就會將手與對方持平，這種握手的方式很容易造成對峙的局面。只有兩個人都端正自己的態度和思想，保持對對方的尊重，才能避免僵持局面的出現。最好是在握手的同時搭配友好的語言，促進雙方的交流。

處於優勢地位的人會自然地將手掌向下地與人握手，這裡面蘊涵著一種絕對的領導和權威意味。統計表明，有超過八成的領導者喜歡用這種握手方式向別人宣示強勢，與這類人握手時，一定要不卑不亢，不被對方的氣勢所打敗。

### 遇到喜歡採用強勢握手法的人怎麼辦?

如果你遇到一位喜歡採用強勢握手法的人，有一種方法不僅能夠幫助你輕鬆化解其犀利的進攻，取得平等的地位，而且還可以立竿見影，迅速地反敗為勝。

具體的做法就是在對方率先伸出手，發出握手的邀請後，你在伸手回應的同時向前邁出左腳，緊接著再邁出右腳。於是，你整個身體便會隨之前移進入到原本屬於對方的私人空間內，而此時你的左腿也會因此產生向前移動的傾向（步伐連續的預備動作），結果是你積極的握手形式會有進攻的效果，彼此就會發生微妙的變化。

除了這一方法外，你還可以先順勢回應手心向上的手勢，隨後再立刻送上左手，雙手牢牢握住對方，最終壓制住對方來勢洶洶的右手。這種方法可以輕鬆將控制權轉移至你的手中，尤其是對女性而言，這種方法使用起來更加簡單便捷。

此外，如果你覺得對方經常會刻意地利用握手來挑釁或者脅迫自己就範，你完全可以在握手時直接握住其手腕，這樣的方法更加直接，能夠對一個強勢對象產生震撼性的效果。但使用這一方法必須要有選擇性，不到萬不得已時，最好還是不要使用這一極端的握手方法。

# 握拳所隱藏的語言密碼

握拳的姿勢常常在雙方都沒有意識到的情況下傳遞了很多訊息，從握拳的姿勢還能夠看出一個人的性格特徵。

握拳是與攤開掌心和人握手相反的動作，也是人類行為中較為常見的行為。在中國文學裡與拳有關的成語很多，「摩拳擦掌」所表達的是振奮精神、躍躍欲試的一種情緒，而「握拳透掌」則比喻憤怒到極點，還有一些其他與拳有關的成語則多數表示力量、挑戰、攻擊等含義。

握拳的姿勢常常在雙方都沒有意識到的情況下傳遞了很多訊息，從握拳的姿勢還能夠看出一個人的性格特徵。一般來說，人的握拳姿勢有兩種：

第一種握拳姿勢是將拇指以外的四指合攏，然後將大拇指包起來。**這種握拳姿勢是人類在嬰幼兒時期一種常見的握持動作，因此也被稱為嬰兒式握拳。**

這種握拳方式通常帶有軟弱、缺乏保護、不能自理等特徵。有些成年人突然受到驚嚇後，就會不自主地採取嬰兒式握拳。所以在一般情況下，採用嬰兒式握拳的人通常性格較為軟弱、怯懦，比較**缺乏安全感，渴望得到外界的幫助與保護。**

性格較為軟弱，缺乏安全感！

四指合攏將大拇指包起來。

另一種方式是將四指合攏，拇指捲曲置於四指之上。**這種姿勢通常表達了力量、挑戰，以及攻擊等含義。**透過拳頭來展示自己的力量、挑戰對方，是成年男子常在解決紛爭時採取的肢體動作。「法遠拳近」，是有些人崇尚武力解決問題的理念。

攻擊型，透過拳頭展現力量！

四指合攏大拇指置於外側。

我們常見的打架前奏往往是這樣：挑釁的一方把手指關節扳得喀喀響並用拳頭猛擊另一手掌，或者靠近對方身體用拳頭或手掌推搡對方。

拳頭也可以用來遏制某種強烈的情緒：悲憤流淚時，有人會攥緊雙拳；緊張亢奮時，也可能會雙拳緊握。若採取握拳式的雙臂交叉姿勢，往往意味著這人有著強烈的防禦意識且可能對方有相當的敵意。如果同時他的臉上還伴隨雙唇緊閉的微笑，斜視或者乾脆露出了咬牙切齒、滿臉漲紅的表情，衝突可能即將爆發。

當然也有一些人在緊握雙拳時，往往會下意識地將雙手插入口袋，或藏在身後，或在雙臂交叉時藏於腋下，儘管有時他們並不在乎握緊的拳頭是否會被別人發覺，但**握拳基本上是一種暴力的姿態**。因此婦女在說話時，就很少會採取這種姿勢。

除此之外，**握拳的姿勢還經常代表決心**。人們常以握拳來強調自己的立場，加強語氣，有時會轉化為敲擊桌子或揮舞拳頭，這是我們經常可以看到的。在現代政治活動中，人們已廣泛採取這種手勢來表示決心，一個人如果用握緊拳頭來加強語氣，就會使對方感受到壓力。

拳頭還有慶祝之用，運動員一旦比賽獲勝，常見的慶祝動作就是握拳振臂歡呼。為了獲得勝利，在比賽前做這樣的動作也是必要的，緊握雙拳給自己或者隊友加油。人們還常採取與擊掌類似的動作擊拳，只是力量稍輕。

YA!YA! 終於拿到冠軍了！

# 檯面下的雙腿訊息

與人交談時,如果發現對方漸漸地(或突然地)將他的雙腳從你這一側移開,這時候你就應該做些調整了。

就像雙手和手臂可以說明我們的情感狀態一樣,我們腿部也能說明同樣的問題。人們的雙腳是身體最誠實的部分之一,儘管我們用衣服和鞋子遮住了腿部,但它們依然是最早做出反應的部位,不論是面對威脅和壓力,或是面對其他情緒時,它們都能反映人們真實的感受和想法。

大致來說,腿部動作有以下的分類,而它們所代表的情緒和意圖也很明顯。

① 快樂腳

快樂腳是指高興時雙腿一起擺動或抖動。快樂腳有時會突然出現,特別是聽到或看到某些意義重大的事情或事物時,**快樂腳就是一種非常可靠的信號,它表示一個人認為他正在得到他想要的,或有優勢贏得有價值的東西。**

其實,不管你在玩撲克、做生意,還是和朋友聊天,快樂腳將如實地告訴你此時此刻大腦正在真誠地呼喚:「太棒了!太美妙了!」有的人可能會說我們有時並不能一眼看到對方的腳部動作,想要從中獲得有用的線索其實相當困難,但我們並不需要鑽到桌子底下去尋找快樂腳,只要看看一個人的襯衫或肩膀就可以了,如果他的腳擺動或抖動,他的襯衫和肩膀也會隨之搖擺或上下震動,這些動作非常細微,但只要你注意觀察還是可以看得到的。

不過,有兩個問題特別注意。首先,和所有的非語言行為一樣,我們必須把快樂腳行為放在具體的環境中考量。例如,如果一個人天生就有過動或神經過敏的問題,那麼我們就很難判斷這個人的動作是不是快樂

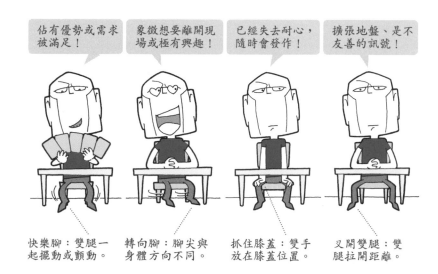

佔有優勢或需求
被滿足！

象徵想要離開現
場或極有興趣！

已經失去耐心，
隨時會發作！

擴張地盤、是不
友善的訊號！

快樂腳：雙腿一
起擺動或顫動。

轉向腳：腳尖與
身體方向不同。

抓住膝蓋：雙手
放在膝蓋位置。

叉開雙腿：雙
腿拉開距離。

腳行為。再比如，如果雙腳搖動的頻率或強度增加，而且是發生在這個
人聽到或看到某些重要事件之後，那麼這就是一種對事情現狀更有信心
且更滿意的信號。其次，**腿部動作有時只是一個人不耐煩的表現**。如果
有機會你可以觀察一個班級的學生，留意他們的腿大約多久時間會抽動
一下，多久時間擺動或移動一次、踢動的頻率等。通常，在接近下課時
這些動作會變多，就不是快樂腳，而是不耐煩和希望事情加速進展的訊
號。

### ② 轉向腳

　　一般情況下，**人們會將身體轉向自己喜歡的人或事物。因此，我們也
可以透過這種訊息判斷別人是否願意見到我們**，或是想要離開。

　　如果你看到兩個人正在談話，也想加入他們的討論，但是你並不確定
這兩個人是否願意，這時就可以觀察他們的腳和軀幹動作來判斷。如果
他們移動自己的雙腳和軀幹面向你，那麼他們的歡迎應該是真心實意；
如果他們並沒有移動雙腳而只是轉了個身說聲「你好」，那麼表示他們
並不願意你加入。

同樣，人們會轉身離開那些自己不喜歡的人或物。那些對法庭行為的研究發現，如果陪審員不喜歡某位證人，他們會將雙腳轉向最近的出口方向。**一個人移開雙腳就是一種祈求解脫的訊號，說明他想遠離自己的位置。**

當你與人交談時，如果發現對方漸漸地（或突然地）將他的雙腳從你這一側移開，這時候你就應該做些調整了，而發生這種行為的原因，有時候是因為這個人約會要遲到了不得不離開，有時候則是因為這個人不想再聽下去或待下去了，又或許是因為你說了什麼冒犯的話或做了什麼令人厭煩的事。總而言之，**腳轉向是一個人想要離開的信號。**

③ 按住膝蓋

坐著並**用雙手按住膝蓋的動作也是一種非常清楚的訊號，它表明了一個人想要離開或是轉換當前位置的意圖。**這時他的大腦已經做好結束此次見面的準備，因為通常緊跟這種姿勢之後的是軀幹前傾或身體放低轉向椅子的一側，這些也是意圖動作。

當你看到有人做出這些動作時，特別是當你的上司做出這樣的動作，你就應該盡快結束自己的談話，千萬不要再拖延。

④ 叉開的雙腿

我們常常能夠看到有人叉開雙腳，可能有的人會認為這是對方為了讓自己站得更穩，如果你這麼想那就只能說明你對身體語言的理解能力太弱了。

叉開的雙腳是最明顯、最容易解讀的「捍衛領地」式行為。很多哺乳動物（包括人），在感到壓力、煩亂或威脅時都會強調自己的領地，執法人員和軍人更是如此，因為他們早已習慣佔主導地位。當他們想要戰勝對方時，他們會下意識地盡量將腿叉得比其他人更寬些，以此獲得更多的領地。

因此，**當有人叉開雙腳時，你要想到他這樣做並不只是為了讓自己站**

得更穩，而是為了獲得更多的領地。**若一個人的腿從併在一起到叉開，那麼基本上就可以肯定這個人越來越不友善，因為這個動作很清楚地告訴別人「一定有什麼不對勁的地方，我必須做好準備來應付它」。**所以，當發現對方做出這樣的動作時，必須提高警覺來應對。

　　雙腿叉開能夠引起視覺和心理上的共鳴，通常可以被當作控制、恐嚇和威脅的行為。因此，對於想要樹立權威的人來說，也可以試著利用這一姿勢，刻意地向對方傳達你的態度。

　　一些執法人員在接受訓練時，教官就會告知如何叉開雙腳並保持強勢的站姿，以此來對付執勤過程中遇到的那些無法無天的人。

　　併攏的雙腿會被認為是一種順從的行為，藉由叉開雙腿就可以佔到上風；展現出這種「我說了算」的站姿是絕對權力的象徵，能夠幫助我們更有效地應對那些不太容易說服的對象。

　　相反地，由於對峙擴大時，這類叉開雙腿姿勢的幅度也會增大，因此如果想要緩解對抗的局面，最重要的一點就是盡量避免出現這類姿勢。如果我們能在愈演愈烈的交戰中及時停止這類動作，及時地收攏兩腿，一定能降低對抗等級使情況得以緩和。

任何時刻，叉開
雙腿都很可能是
不友善的行為！

# 腿部姿勢洩露的秘密

在與女性交往時，如果看到她一隻腳尖勾在另一隻腿上的翹腳姿勢，要
知道這是一種防禦性姿勢，表明她此時此刻的心境。

在人類的進化過程中，腿部動作主要有兩種目的：一是向前走以獲得
食物，二是在遇到危險時逃跑。由於人類的大腦直接關聯著這兩種基本
目的，走向自己想要的東西和遠離討厭的東西，所以人們的雙腿能夠顯
示他們內心的動向。換句話說，透過觀察別人的雙腿，你就能知道對方
內心的真實意圖和想法。

翹腳的動作就和環抱雙臂於胸前是為了保護心臟、胸部等上身較敏感
的部位一樣，也是為了保護下身的敏感部位，其所透出來的就是負面的
防衛態度，即緊張、不安全感。

---

### 推銷或說明的時候要避免翹腳

如果在你進行推銷的過程中顧客交疊雙腿，最好不要輕易說出訂
貨的要求。高明的做法是採取開放的態度，身體前傾攤開手掌說：
「似乎您有您的看法，我很想聽聽您的意見。」然後靠後坐，用坐姿
表示該輪到顧客講話了。這樣即使顧客本來想拒絕了，但情況不好
推辭而順便說出自己的看法。

---

交疊的雙腿除了傳遞負面的訊息外，足踝緊扣這種姿勢也表示一個人
處於緊張或恐懼等情緒狀態。因此，**如果是在談判的過程中觀察到談判
的一方足踝交疊，雙臂交叉，而你又想談成的話，那麼你最好馬上攤開
雙臂做出必要的讓步**。

有人說，人們採取交叉雙腿的姿勢是因為天氣冷，是一種禦寒的動作
而不是交往中的防禦性姿勢。事實上，禦寒還是防禦是有所區別的。如

果感覺冷的人交叉雙腿，是捲曲身體用力地相互夾著，看上去比起防禦性的姿勢要用力得多。也有很多人說，坐著時足踝或雙腿交疊是一種感覺舒服的習慣，並不代表有負面的態度，這種說法的確有道理，譬如女士夏天穿迷你裙，坐著時交疊雙腿當然是有明顯理由——是久而久之形成習慣。因此有必要考慮到流行服飾影響人們的習慣動作，尤其是影響女性腿部姿勢的服飾。

不過，**雖然交疊雙腿或足踝是一種感到舒服的習慣性動作，但是在社交場合或職場中，請記住這種體態畢竟帶有防禦性的負面態度**，在你感到舒服的同時，會自覺或不自覺地影響你的態度，而且也向別人傳遞你防禦或負面的態度。

在與女性交往中，當你看到她一隻腳尖勾在另一隻腿上時，這種翹著腳的姿勢既是一種防禦性姿勢，表明她此時此刻心境漠然且有退卻的心理，這種姿勢常出現在害羞膽怯的女性身上。

不過，疊腿姿勢的判斷還必須放在某一特定的場合、氛圍裡解釋，有時還要借用前後的整體動作來輔助判斷。因此，不能一看到有人使用雙腿交疊的姿勢就馬上斷定他緊張或有負面防禦心態等。譬如，人們在聽報告、上課時，或較長時間坐在椅子、沙發上，常會使用這種姿勢，在冬天裡更是常見，這是藉此獲得放鬆和舒服感，或取暖。

交疊雙腿基本上是一種負面的防衛態度！

# 6

# 生活習慣的觀察

生長於不同的環境，就會有不同的生活方式，也自然會養成不同的生活習慣。一個人的生活習慣是其性格顯露於外的行為，透過一個人的生活習慣，我們可以瞭解他人的性格特點和內心情感。本章將告訴你如何從觀察生活習慣去認識別人。

# 看電視、手機的習慣

3C雖然能夠讓我們獲取訊息、娛樂消遣、消磨時間，但是它也隱藏著一些弊病，我們要注意調節，避免其帶來的消極影響。

看電視、手機或平板電腦似乎已成為許多人生活中不可缺少的一個生活習慣，他們透過這些活動來獲取自己所需的訊息，或者是用來消遣自己的休閒時間。每個人習慣往往各不相同，透過一個人看電視或手機的習慣也能分析出一個人的性格特徵。那麼，不同的習慣隱藏了什麼樣的性格呢？根據平時累積的經驗將觀看資訊來源的習慣分為以下三大類，並分析性格特點如下：

① 邊看邊玩

有的人喜歡一邊看電視或平板電腦時做其他的事情，例如一邊看一邊織毛衣、看報紙或吃零食。許多人認為這可能是與所播放的內容有關，習慣於用這類方式看新聞的人處事較彈性，這類人能夠比較輕鬆地適應各種環境，無論條件是否允許他們都會竭力挑戰自我或是向外界挑戰，目的可能只是為了追求新鮮、刺激。

② 注意力高度集中

有的人看電視、手機或平板時會保持高度集中的注意力，這樣的人一般做事都比較認真，做每一件事情都會完全投入自己的全部精力。

這類人的內心情感也比較細膩，並且有很高的專注力，一般也具有豐富的想像力，很容易與他人產生共鳴。

③ 不關注媒體內容

還有一種人看媒體訊息時並不關注內容，其具體表現主要有兩種，一種是不停地轉台，另一種是看幾分鐘之後就會慢慢進入睡眠。

在看電視時不停更換頻道的人通常沒有耐心，好處是他們通常也不太

為人處事有彈性、
適應力強！

① 打開電視或平
板，但同時一
直做些其他的
事情。

感情細膩、做事
專心有毅力！

② 打開電視或
平板，頻道
固定就開始
專心觀看。

耐性差但獨立性
強、富積極性！

③ 打開電視或
平板後就一
直換頻道到
結束。

會浪費時間與金錢在瑣碎的事情上，這類人獨立性強，對那隨意起哄的人常常會以不屑的態度來看待。一看新聞就睡著的人，性格一般都是隨和又樂觀，在面對挫折和困難時他們往往也能夠坦然面對，並積極地尋找各種解決方法。

彼特・溫特浩夫・斯伯克是一位媒體心理學專家，他的研究指出：手機與網路等科技給現代人換了一顆「冷漠的心」，認為新科技使社會的情感結構趨於膚淺、做作。這個結果是情感的交流變成了自我表演，人們不斷追求新的刺激，情感只是表演給人看，而實際上並沒有被真正地感受或經歷到。花太多時間在這些設備的結果就是使人變得冷漠、缺乏熱情，是沒有情感認同的獨行者。

這位心理學教授預言未來的公民將是精神脆弱、以自我為中心，只注重外在表現這樣類型的人。這一變化造成的結果就是社會凝聚力越來越脆弱，因此漫遊於網路世界雖然能夠讓我們獲取訊息、娛樂消遣、消磨時間，但是它也隱藏著一些弊病，我們要注意調節，避免其帶來的消極影響。

# 喝酒習慣看性格

酒作為一種社交媒介，在世界各地發揮了獨到的作用。酒已經成為人
類的朋友，尤其是男人們的朋友。

---

酒作為人類文明的象徵之一，它不僅以醇香美味聞名遐邇，還有令人心情舒暢、忘卻煩惱、全身放鬆、減輕疲勞、振奮精神的功效，因而備受人們的青睞。在人際交往中，酒作為一種社交媒介，在迎賓送客、聚朋會友，以及彼此溝通、傳遞友情等方面也發揮了獨到的作用。所以不分國界，酒都成為人類的朋友，尤其是男人們的朋友。

其實，酒的作用還不僅限於此，從喝酒的習慣能看清這個人的性格，對於某種酒的喜好能夠看出這個人的內心，還有對喝酒場所的選擇以及喝酒後的行為舉止都能透露出一個人隱藏的秘密。對酒的選擇和喝酒時的習慣往往透露一個人的性格特徵，細心觀察對於我們進一步瞭解他人有著非常重要的意義，以下是飲酒各種習慣的研究。

## ① 以喝酒場所來判斷

喜歡到高級酒吧、俱樂部或酒店喝酒的人，雖然大多是因為交際應酬的關係才選擇這些地方。但一般說來，這些人大多愛慕虛榮，為人虛偽和孤獨，喜歡表現或被重視，與其說去喝酒，不如說是尋找精神上的刺激享受。喜歡在路邊攤喝酒的人大多坦誠樸實，不會裝模作樣，只是想要以酒來排解一整天的工作疲勞。

喜歡在快炒店喝酒的人，這種人大多為了熱鬧或聯誼的原因，希望能夠輕鬆地喝酒並享受歡樂的氣氛。喜歡到居酒屋喝酒的人，這種人個性拘謹，但是希望得到放鬆。

② 從喝酒習慣來判斷

習慣用酒杯是斯文型的喝酒，這種人喝酒要有菜餚，也要有酒伴，獨自一個人時幾乎是滴酒不沾的。喝酒時直接嘴對著酒瓶喝的人大多數嗜酒如命。喝酒時沒有女性陪伴就喝不痛快的人孤獨寂寞，平常缺乏傾訴的對象，並且時常擔心被人輕視。喜歡睡前喝酒的人大多孤僻、拙於交際，而且精神負荷重。如果是喜歡早晨喝酒的人，大多不尚實際，喜歡找藉口逃避責任。喜歡喝餐前酒的人往往理智且具有約束自己的能力，本來想借酒消愁，但最終成為真正懂喝酒且喜歡喝酒的人。喜歡自斟自飲的人性格孤獨、落寞寡歡，拙於詞令及社交，為人拘謹，甚至有些怯懦消極。

③ 從酒的品種來判斷

選擇威士忌加冰塊的人往往是真正喜歡喝酒的人，同時是個實用主義者，凡事都以實用為本，性格開朗、不會裝腔作勢、好惡分明，即使對方是女性也不會因此而有所收斂。這種男人大方、慷慨，但他們的世界黑白分明，容易得罪人。

選擇白酒的人無論是工作還是玩樂都會積極參與，具有活力、性情率直，連私人秘密都能輕易告訴別人，是個心裡藏不住話的人，也因此交際廣闊，但缺乏耐心和細心。他的女朋友或老婆一定很累，因為這樣的男人就像一個任性又可愛的大男孩，他要求伴侶要尊重他的生活方式，因此兩人世界經常風波不斷。

選擇啤酒的人與任何人都談得來，具有服務精神、愛取悅他人，也容易獲得別人的好感。

選擇雞尾酒的人大多是善於玩樂的新新人類，很重視氣氛。但如果對於雞尾酒不太重視口味而

看重酒名的人，就屬於比較懷舊、易傷感、性格比較脆弱，這類人比較敏感，容易被環境左右，是個沒有主見和缺乏照顧別人能力的人。

現在流行喝葡萄酒，時髦的人都會學習如何品嚐，但是人始終有自己的喜好和個性，選擇葡萄酒的時候這一點也會很自然地流露出來。在約會時選擇喝葡萄酒的人，尤其在有情調的餐廳與女友約會的男人，基本上不會是個「土包子」，是個有見識、社交活躍，並且懂得享受生活的人。

選擇香檳酒的人性格比較挑剔，是個不會滿足於平凡的人，喜歡追求華麗、高貴，對異性的要求也很高，即便是普通的朋友，他們也要求具備相當的條件，比如個人品位要不落俗套，對事物有獨到的見解等。

④ 以酒後狀態來判斷

酒醉倒頭就睡的人大多理智而能約束自己的言行、天性樂觀，生活規律且無不良嗜好，是屬於「酒醉心不醉」的人。

越醉越嘮叨醉話，甚至想找人打架的人通常情緒不穩定或命運多舛。

醉後喜歡信口開河的人有些怯懦及消極，大多慾求不滿、懷才不遇，所以借酒發牢騷，屬於酒不醉人人自醉的典型。

醉後哭泣的人個性消極、心理自卑，並且時常遭受輕視，也愛發怨言牢騷。

醉後愛笑的人性格樂觀、為人隨和、不拘小節，而且富有幽默感。

越喝酒而眼睛越發直的人性情溫和、內向消極、慾求不滿，而且酒品不佳，易發酒瘋。發酒瘋的輕症是罵人，更嚴重還會摔杯盤器物、打架鬧事……

稍一飲酒即臉紅的人性格溫和、不做作，做事說話直率。

飲酒之後面不改色的人性格沉默寡言，意志堅定而有耐性，將喜怒隱藏在心底。

從酒品去判斷一個人的性格特點以及內心想法，大致上就是前述的這些內容。當然有人可能會說，那如果是不喝酒的人呢？那是不是就沒辦

法知道這些了？當然不是，如果不是酒精過敏，**不喝酒的人往往屬於很固執的人，他們要求自己保持清醒的狀態，害怕酒後失態**。大部分情況下，這種人比較頑固，不願聽從他人的意見，也不會隨便表露自己的真實情感，跟這樣的人相處起來會讓人頗費心思。

喝吧！喝吧！
喝到地老天荒！

# 從飲茶習慣看性格品味

喝茶也跟喝酒一樣，人們對喝茶有著不同的愛好，對茶的口味偏好也不盡相同。

在許多人的印象中喝茶是東方人的愛好，但其實不然，早在 17 世紀初，西歐許多國家就很盛行飲茶風氣，只是當時茶價非常昂貴，一般人喝不起，茶僅是宮廷貴族和豪門、世家作為養生和社交禮儀的奢侈品，人們喝茶多是用來炫耀風雅，爭奇鬥富。

現今，喝茶已經普及全世界，它已不再是東方人的「專利」，許多歐美國家的民眾也都有飲的習慣。喝茶也跟喝酒一樣，人們對喝茶有著不同的愛好，對茶的口味偏好也不盡相同，比如有的人喜歡街頭手搖飲料，有的人喜歡去咖啡廳喝下午茶，有的人喜歡喝紅茶，而有的人只對綠茶感興趣。如果你仔細觀察喝茶的人，就能發現他們各有各的特性。

## ① 喜歡喝得獎茶的人

對得獎茶感興趣的人肯定不是一般平常的老百姓，如果家裡儲藏了不少價值不菲的冠軍茶，那他的家庭一定不屬於僅能夠維持溫飽而已，這種人自我意識強烈。他的自尊心、自信心特別強，深信只有自己所做的事才正確，對旁人微小的行為也有敏感的反應，如有異常，就要馬上加以反對和制裁。**這種人大多很固執，容易和周圍的人發生衝突，但在強烈自尊心的作用下，有時他又會慷慨助人。**

## ② 講究茶道的人

有這種精力喝茶的人，持久性強，而且性子大多比較慢，內心平靜、穩定，脾氣溫和。他們做起事來不慌不忙、有條有理，且能堅持很長時間。**這類人有恆心，注意力集中時間長，所以適合於做細膩的工作，**這種人在情感上也很專一，不會拈花惹草、見異思遷。

### ③ 喜歡花茶、紅茶、甜茶的人

有出色的數學才能又有極好的空間定位能力的人往往愛喝這種茶。這種人身上明顯顯示出語言天賦，而充滿幻想和浪漫主義往往又會使他們參與各種冒險行為。**這類人有時愛吹牛，他們喜歡被人關注，這主要是他們的自戀所引起。**

如果在你的熟人中有這樣的人，當有困難時他們總會過來幫忙，為你排憂解難。他們有時會忘記許多重要的事情，例如最要好的朋友或媽媽的生日。他們的熟人非常多，朋友卻很少，因為他們在選擇朋友上十分謹慎。對他們來說，家只是一個擺放冰箱和床的地方，他們不喜歡長時間待在家裡，毫無疑問地，這樣的人應多安排旅遊和出差，通過這種方式讓他們消耗掉他們無法排遣和用不盡的精力。

# 抽菸習慣看透人心

抽菸是內心混亂或矛盾情緒的外在反映。對大部分抽菸者來說，抽菸的動機與菸癮並沒有太大關係，更多的是出於對安全感的渴求。

抽菸者大致可以分為兩種基本類型：沉浸菸癮中的抽菸者和社交型抽菸者。因此，許多人對抽菸者認識也僅限於對尼古丁的依賴或為社交的需要。事實上，抽菸這一行為是內心混亂或矛盾情緒的外在反映。對於大部分抽菸者來說，他們抽菸的動機與菸癮並沒有太大關係，更多的是出於對安全感的渴求。

為了證實這一點，有人還專門做了調查研究，這項調查指出：嬰兒時期是否母乳親餵與成年後染上菸癮的可能性有著密切關係。

研究發現，大部分的成年抽菸者，特別是菸癮相當嚴重的那部分，在嬰兒時期主要都是用奶瓶餵養的；而母乳親餵時間越長的嬰兒，長大後成為抽菸者的可能性就越小。也許這是因為接受母乳親餵的嬰兒能夠透過乳頭與母親緊緊相連從而獲得安全感；而接受奶瓶餵養的嬰兒則沒有這樣的體驗，於是含著奶嘴長大的孩子在成年後依然會習慣性地從吸吮別的東西來尋求安全感。所以，**抽菸者叼著香菸就跟小孩子吸吮被子或是大拇指一樣，都是為了獲得安全感。**

調查指出，短促的抽菸方式能夠刺激大腦，提升思維的敏捷度；而深長緩慢的抽菸方式則會讓抽菸者鎮定。菸癮較重的抽菸者一般都習慣依賴尼古丁所帶來的鎮定效果，幫助他們釋放壓力，所以這部分抽菸者通常採取深長緩慢的抽菸方式，並且喜歡獨自一人靜靜抽菸。

社交型抽菸者則只會在別人面前抽菸，或是「喝點小酒」的時候抽抽菸，這意味著抽菸對他們來說只是一種帶有社交意味的行為，目的是在他人面前建立某種特定的形象。

在評論一個人的性格特點和處世態度時，他抽菸時的姿勢就是很重要

的參考標準，因為它們通常有一定的模式，能夠提供一定的參照意義。

那麼，這要如何來判斷呢？有一種特別的方法可以看出一個人對某種狀況是積極還是消極的態度，那就是看他抽菸方向是朝上還是朝下。一般情況下，**如果一個人對所見所聞感到樂觀、驕傲或者自信，那麼他在大部分時候都會向上方噴吐煙圈。相反，如果一個人抱有悲觀、隱秘或者猜疑的態度，那麼大部分時候都會向下方噴吐煙圈**，從嘴角往下噴吐煙圈的動作更能說明抽菸者消極或者隱秘的態度非同一般。

讀到這裡，如果你也覺得抽菸真的能令人減輕壓力，而在紓解壓力的時候選擇抽菸的話，那麼很遺憾地告訴你，你真的理解錯了。抽菸只是人們為了尋求安全感的一個途徑，有 80% 的抽菸者聲稱他們抽菸時有感到減輕壓力；但是事實上，抽菸者的壓力指數只比不抽菸者略高一點點，而且隨著抽菸者逐漸形成抽菸習慣，他的壓力指數反而還呈現上升狀態。

同時，戒菸能夠明顯降低壓力指數。科學家們現在也證實，抽菸並不是有助於控制情緒的良方，因為依賴尼古丁會直接造成壓力指數提升。所以，所謂的抽菸能夠減壓的想法恰恰反映出抽菸者在不斷消耗尼古丁的過程中，緊張和急躁情緒不斷攀升。

換句話說，抽菸者在抽菸時能夠讓情緒保持正常狀態，但是一旦不抽菸就會感到緊張，這就意味著他們為了保持情緒平穩只能不停抽菸。此外，當戒菸以後，他們的壓力指數會隨著時間流逝而逐漸降低。所以，抽菸並不是減輕壓力的良方。

# 接聽電話的習慣動作

有研究發現這些動作往往透露出執行者的一些心理秘密,透過這些細節
可以瞭解這些人的性格特徵和心理活動。

　　我們的許多行為舉止常常是無意識的,從這些無意之中更能體現出當
下的「狀態」,打電話也是眾多舉止中的一個。人們在打電話的時候經
常會出現一些下意識的習慣性動作,有研究發現這些動作往往透露出執
行者的一些心理秘密,透過這些細節可以瞭解這些人的性格特徵和心理
活動,從而使這些對象更易於瞭解。

　　專家透過打電話時的舉止來分析性格,總結了以下幾種最常見的打電
話動作所代表的含義。

　　❶ 習慣手握在電話下方的人,一般來說身體素
質都不錯,這種人是運動員或精力充沛型的男性的
可能性比較大。他們遇事多半會採取積極主動的方
式,而且行事果斷、乾脆利落,所以他們幾乎不會
在電話中和朋友聊天,更多的是迅速且敏捷地把事
情說完,隨即掛斷電話。而打電話時,習慣用雙手握住電話的人,性格
優柔寡斷,遇事難以做出決定,甚至是三天兩頭改變決定。男性如果雙
手握住電話,則很大可能在生活中會顯得有些女性化,容易因雞毛蒜皮
小事悶悶不樂,極沒有決斷力和魄力。

　　❷ 打電話的時候習慣將電話稍微偏離耳朵的女性一般都很自信,性
格帶有一點逞強,而且有一些男性化。空姐和模特兒等職業中常見這樣
打電話的女性,男性中幾乎沒有人採取這種握法。

　　❸ 在打電話的時候,不管是習慣用左手還是習慣用右手,另外一隻
手有空總是會下意識地做一些小動作;聊天的時間越長,這些動作就會

越來越明顯，也會越來越頻繁。分析一個人打電話
時的一舉一動所能夠收穫到的訊息，往往比電話另
一端所聽到的訊息要多得多。比如，一隻手拿著電
話，另一隻手拿著筆寫寫畫畫的時候，就代表這個
人對於電話中的談話有點不耐煩了。因為大多數人

打電話時的注意力都會比較集中，而一邊通話一邊信手塗鴉時，就意味
著這個人對通話的內容已經不感興趣，很希望盡快結束通話。

❹ 也有人會一隻手拿電話，另一隻手夾著香菸。從香菸擺放的位置
往往也可以看出這個人對通話的態度。如果電話中談論的是一個他頗為
關切的話題，幾乎不會拿著香菸，反而是把它擱在
一邊，稍後再拿起來。

而如果談論的話題讓他情緒有些激動，他就會拿
起菸、彈彈菸灰，緩緩地吸上一口以緩解自己的情
緒；但是如果他生氣了，就會把菸頭想像成他的敵
人，會用一種充滿敵意的動作，猛然將香菸丟在地
上，用力的踩踏弄熄。

❺ 邊打電話邊擺動身體的人情緒較不穩定，容
易喜怒形於色。在與人通話的過程中聽到事情順利
時，這個人的身體就會習慣性地前俯後仰或左右搖
擺，洋溢著一種得意的氣息。但是一旦聽到不順利
的消息，他就會停止搖擺、握緊拳頭，用力砸牆或

者桌子，或者是把桌上的某種束西拿起來再用力放回去，甚至是直接砸
下去。這種人性格較為輕浮，遇事不能穩重。

❻ 性格不同的人打電話的時候，不僅是拿電話和手部小動作不一樣，
打電話的方式也不一樣。有的人喜歡邊走邊打電話，不會固定坐在一個
地方，他們好奇心很強，對一切事物都具有探索的慾望，喜歡自由、創
新，不喜歡呆板的工作，也不喜歡受約束。而有的人則喜歡舒適地坐著

或者躺著打電話，悠然自得、泰然自若；這類人在性格上是極其沉穩，而且遇事不慌、鎮定自信。還有一些人則沒有什麼特殊的要求，比較隨遇而安，動作和方式也不拘泥，沒什麼特殊的習慣；這種人不會太過苛責自己，生性溫和善良，但是也對自己充滿自信，對自己的生活能夠操縱自如，不會委屈自己。

還有一種人喜歡把腳擱到桌上打電話，這種人相當有自信，自認做事無往不勝。打電話時把桌子底層抽屜拉出來墊腳，表示他已經下決心要涉足某件事。許多精明強幹、積極奮發的人，在對某個問題表現出很大興趣時，的確是會一邊打電話一邊這麼做。打電話時，把桌子第一個抽屜拉出來又推進去，這表示他遇到了難題，而他正在思考如何解決；當他得到結論時，會站起來用力「砰」地關上抽屜，用堅定的語氣說出自己的決定。

如果打電話的人採取坐著的姿勢，他聽到對方在通話過程中的某些話時，會從座位上站起來。起立這也許是「電話動作」中最常見的一種。有的人常常會在打電話時站起身來，其次數可能超出我們的想像。當打電話的人做出決定或感到驚愕，或對談話內容產生厭煩時，都會情不自禁地站起來。

❼ 如果你在機場的電話亭或在飯店的服務台等處只能站著打電話的地方，你能細心觀察種種打電話的姿勢就可以推測他們的態度、關係和背景，甚至可以想像電話另一端的那個人的模樣。

打電話的人很輕鬆站著，低著頭下巴抵在胸前，身體的重心不斷從一隻腳換到另一隻腳上，看上去心不在焉一邊點頭說：「是啊！是啊！」他對談話的內容或許感到索然無味卻又不想暴露這一點。於是你可以斷定，通話的人可能與他相當熟悉，大概是他的妻子或是老朋友。

　　如果打電話的人有時看著路人，肩膀稍稍聳起，頭偏向一邊一副隨和的樣子，他顯然是在和情人通話，而緊握在手裡的話筒就好像是他的戀人的手一樣。

# 運動類型顯露本性

運動對人產生的影響會滲透到個人的生活習慣和為人處世的態度中，
甚至還能改變一個人的命運或是人生軌跡。

偏愛某種運動並非完全出於偶然，是與他個人的性格有關；堅持不同的運動習慣，又會塑造出一個人不同的品格和能力。在生活中我們也能看到這一點，總是呼朋引伴一起踢足球的男人，與有空就在野外獨自路跑的男人，他們對待生活的方式截然不同。

現代的身心研究和運動心理研究也都證實，運動對人產生的影響會滲透到個人的生活習慣和為人處世的態度中，甚至還能改變一個人的命運或是人生軌跡，**熱衷同一運動類型的人，其性格特點往往比較相近**。因此，一個人喜愛的運動類型能直接反映出他的性格特徵。

## ① 團隊合作型

這種類型是指足球、籃球、排球等需要團隊合作的運動。喜歡這類社交型合作運動的人，通常從小就活潑開朗、喜歡戶外運動，而且交際能力非常突出。對他們來說，孤獨是一件恐懼到不敢想像的事情。他們也許生長在熱鬧的大家庭，或者正好相反，總是一個人被孤零零地關在家中，才特別需要外界的朋友相伴。

這類運動帶來的最大好處就是——團隊精神不需要再額外培養。**在這種需要隊友們共同努力才能追求成功的競爭型運動中，能夠潛移默化地學習到像是遵守規則、體諒他人、責任心，還有組織和協調的能力。**不僅如此，成熟的玩家都不會刻意爭奪惹人注意的前鋒位置，他們多了一層對競爭的領悟，尊重每個人的獨特之處，清楚自己最適合在什麼位置。當然，這一點可不僅僅表現在球場上。

## ② 自我極限型

這種類型是指長跑、競走、野外自行車等需要耐力和意志力的個人運動，**這類人的處事態度多是勤懇務實、努力奮鬥的典型。**

像馬拉松這種有點單調的運動項目，是非常適合自我舒壓的方式，伴隨著汗水不斷地排出體外，心理上的抑鬱和煩躁也被甩在路邊。

所以，**他們是一群喜歡跟自己比賽的人，喜歡追求在痛苦中堅持的自我成長。**

這類人也是在每一次想要放棄的一瞬間，咬著牙堅持，練就了非同一般的耐力和意志。在他們眼裡有時候名次和結果都不是最重要的，他們享受的是努力的感受，因為無論領先還是落後都是一時的，只有努力向前才是永恆不變。

## ③ 戶外運動型

這類型通常是指登山、戶外探險、高爾夫、帆船等親近大自然的運動。喜歡這種運動類型的人不是去征服山岳，而是去征服自我；不是去探索自然，而是去探索自我。

在自然的擁抱中，懶惰、怯懦、自滿、保守和急功近利都可以得到淨化，並重新拾起了童年時期原本人人都有的對大自然的好奇，其原因大概是對人與人之間的競爭和對抗已經失去了興趣，難以再為一時的輸贏得失而激動不已。**他們的人生大多已經從「追求成功」過渡到「尋求意義」的階段。**

這類人給人溫文爾雅、平易近人的感覺，**因為他們不再需要藉由「戰勝」別人來確認自信或自我價值**，他們追求的是身處自然之中那種「渺小」的英雄感。

### ④ 霸氣十足型

這種類型是指自由搏擊、散打、拳擊等攻擊型運動，一般是男性較喜歡，攻擊和對抗的力量增強了他們內心的控制慾，這一點讓他們感到愉悅。

選擇這種對抗性很強的運動來強身健體，深層的理由還是感覺自己不夠強大，才會努力透過後天的鍛鍊來彌補先天的不足。每個小男孩都會驚嘆父親的偉大，並且暗地與父親較勁，幻想有一天會徹底「打敗」父親，成為真正的男人。**喜歡搏擊類運動的男人，一般都迷戀於這種勝利，喜歡一次又一次地體會戰勝另一個男人的痛快感受**。所以，千萬別被他們厚厚的肱二頭肌唬住，其實他們很多時候都還是一群沒長大的小男孩。

### ⑤ 迅速判斷型

這類型是指乒乓球、網球、羽毛球、壁球等需要瞬間判斷力的運動，喜歡這類運動的人實際上更喜歡利用「頭腦」去運動，戰術和技巧一樣重要。而且他們更加熱衷於單打獨鬥，與其去尋找合適的同盟不如相信自己的判斷。他們通常充滿自信，成就動機鮮明，喜歡尋找機會證明自己的實力。進行這類比賽對他們來說

正好，不需要太大的場地，也沒有漫長的賽時，一來一往之間滿足對抗的癮。

與在球場上一樣，**他們在職場上也常常是很有競爭力的人。他們頭腦冷靜、思維敏捷、判斷準確、當機立斷，因為任何猶豫和徘徊都將延誤良機導致失敗**。不論是進攻還是防守，他們的目的都是為了盯緊對方，使對方早一步露出破綻，這是他們的獨家秘笈。

⑥ 水中綻放型

這種類型是指各式水上運動。其實很少有人
不愛水，因為在我們出生前一直都在媽媽溫柔
的羊水之中，所以新生兒都會游泳，放在水裡
自己就知道屏住呼吸，只是很多人把這種天性
忘記了。

　　水有一種魔力，能讓性格暴躁的人變得心平
氣和，所以我們可以看到那些**經常游泳的人多
持那種簡單、放鬆的生活態度，但是你也不要因此就低估他們的實力，
他們在放鬆的過程中常常有著驚人的力量**，他們不是沒有追求，只是在
堅持自己所追求的同時，接納任何一種結果。

⑦ 靜心意會型

　　通常是指瑜伽、太極、氣功等關注身心連結
的運動。這些人在選擇這些運動愛好之前，大
多都已經嘗試過各式各樣的運動，不管是對速
度還是力量的追求，但因為不滿足於僅是骨骼
和肌肉的伸展和收縮，才會反璞歸真地回到這
類結合著呼吸與心境的特別運動。

　　在相對靜態中控制自己的動作和心態，在忍
耐和堅持的過程中傾聽內心的聲音，直覺到真實的自我，他們往往已經
經歷過很多事情，看得清貪婪與浮躁的無意義，於是**凡事不喜歡強求，
也沒有任何的「必須」與「一定」。這種人做動作時是這樣，在生活中
更是如此——行動上量力而行，內心更沉靜遼闊**。

# 洞悉性格的金錢習慣

一個人處理金錢的方式可以表現出他的性格特徵，是因為支配與使用金錢的模式會直接影響一個人的經濟狀況。

金錢作為經濟活動流通貨幣，是最能驅動人類行為最重要物品之一，它同時還能揭露我們性格中最深層的部分。心理學家認為一個人處理金錢的方式可以表現出他的性格特徵，是因為支配與使用金錢的模式會直接影響一個人的經濟狀況，因此加以歸納和總結最終得出了以下的結論：

① 喜歡存零錢的人

這類人大多**溫文有禮、感情豐富**，而且念舊，大多都是「受人點滴會湧泉相報」；他們一旦對於某人產生好感而付出感情以後，就很難收回和改變感情，這是他們的優點，也是最大的致命弱點。

② 喜歡將金錢分類整理的人

喜歡依序整理紙鈔甚至零錢的人一般處理事務一絲不苟且有計畫性，因此**辦事效率甚高**，喜歡計畫時間及金錢，而在言行上有分寸，常常精打細算。

③ 喜歡將錢亂丟的人

在這類人的家裡到處都會有一大堆零錢，甚至鈔票也隨手亂放，他們相當聰明且具**有豐富的想像力，但缺乏心機，甚至有些粗心大意**，然而他們會全神貫注地思考問題或想心事，但由於心直口快經常會在無意中得罪人。

④ 喜歡將錢折成小方塊狀的人

這類人聰明且有幽默感，喜歡從事需要動腦的行業，**追求新知識**，並且以此為人生之奮鬥目標及生活享受，但他們**個性比較保守**。

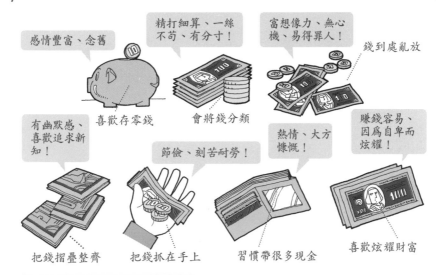

感情豐富、念舊

精打細算、一絲不苟、有分寸！

富想像力、無心機、易得罪人！

錢到處亂放

有幽默感、喜歡追求新知！

喜歡存零錢

會將錢分類

熱情、大方慷慨！

賺錢容易、因為自卑而炫耀！

節儉、刻苦耐勞！

把錢摺疊整齊

把錢抓在手上

習慣帶很多現金

喜歡炫耀財富

⑤ 喜歡把鈔票捏在手上的人

　　喜歡把鈔票捏在手上的人通常**生性勤儉，將錢看得很重，凡事都會精打細算，考慮周詳以後才決定是否執行**。他們通常刻苦耐勞，不太注重物質生活享受，而且極具責任感，能為家庭、事業付出。一般較節儉小氣，但對於應該用的錢，又會不惜借貸。

⑥ 身上喜歡帶著一大疊現金的人

　　有些人喜歡隨身攜帶一大疊現金，他們**熱情友好、合群大方，為人慷慨且喜歡自我表現和誇耀個人的成就**。因此，他們好交際，和朋友一起吃飯時總是搶著付錢，顯得特別重視友誼，因而容易得到廣大朋友的幫助，所以大多都有極佳的財運。

⑦ 喜歡炫耀錢財的人

　　我們經常能看到這樣的人，他們只要還有大鈔，即使是買一、二十元的東西也要拿出大鈔來找零，他們這樣做的目的只是炫耀有錢而已。

　　這類人大多出身富貴，賺錢容易，處處都表現出優越感，毫不吝惜地將錢花在奢侈品及衣飾上，**懂得花錢及享受，並以此為樂。如果是衣飾普通而如此炫耀的人，則表明其人心理自卑且自尊心強**。

# 從個人衛生習慣看性格

一個人的衛生習慣不僅反映出這個人的知識水準，同時也反映出這個人
的思想深度和文化素質的高低。

衛生與健康是生活品質的保證，良好的衛生習慣是預防疾病、促進健康最根本、最有效的保障。個人衛生包括刷牙、洗臉、沐浴和清潔等事情，講究個人衛生不僅反映出這個人的知識水準，同時也反映出這個人的思想深度和文化素質的高低。

透過個人的衛生習慣也能看出一個人潛藏的性格特點，以下我們就從洗臉、刷牙、沐浴等方面來看一看不同習慣下的性格特徵：

① 刷牙看性格

大多數人每天都至少刷牙兩次，以保持口腔清潔。其實，在這個最普通的衛生習慣背後，藏著一些連當事人也不知道的性格特徵。

❶上下刷：這是正確的刷牙方式，用正確的方式刷牙說明他學習方法正確。他們追求把工作做好，懂得自愛，是個有進取心的人。他們從小就知道怎樣安排自己的生活，為自己爭取應得的利益，這類人懂得尊重生活中的遊戲規則，討厭別人用不公平的手段競爭。**在人際關係方面，他們不會讓別人佔便宜，也不會接受人家無緣無故給予的好處。**

❷左右刷：這類人做事情往往只注重過程而不注重結果，在我們的生活中這類人佔大多數。**他們有點拒絕接受正確事物的性格，有些時候明明知道自己犯了錯，但卻會繼續錯下去**，或是他們覺得突然糾正錯誤會更令旁人覺得自己犯了錯。因此，這類人有許多掩飾性行為：譬如他們不肯面對人際關係方面的問題，只是裝作與每個人都相處得很愉快；又譬如說，他們一點也不喜歡自己的工作，但又不敢轉換工作，甚至還擺出一副兢兢業業的模樣。

❸ 只在早上刷牙：如果一個人每天只在早上刷一次牙的話，**往往非常介意別人怎樣看待自己**，因為他刷牙不是為了自己的健康，而真的是在意別人會不會評論他口中的異味。他們很可能從小就習慣於以別人的期望作為奮鬥的目標。**對他們而言，信心是建立在人家對自己的評價標準上，而不是自己追求的生活標準。**

❹ 只在睡前刷牙：如果每天只有在睡覺前才刷一次牙的話，**這類人可能是腳踏實地、實事求是的。在工作方面，他們會根據自己所獲得的酬勞去評估應該投入多少工作；與人溝通時，他們會清晰地表達自己的立場，但不會做過多的解釋，更不理會別人對自己的看法。**從衛生習慣角度來看，是只顧自己的感受，而完全不顧對社會的影響。

❺ 每天刷牙三次或以上：**這類人有點神經質，許多事情他們都要重複或者做完之後反覆檢查才能安心。**他們會要求另一半不斷地以不同方式向自己示愛，起初對方覺得他們是追求浪漫的人，但不久便會發覺原來他們是缺乏安全感的。

② 擦嘴工具看性格

吃完飯後嘴巴會沾上油漬，通常會使用餐巾或紙巾來擦嘴。千萬不要小看這個環節，因為這很可能把人們的性格特點全部暴露出來。

❶使用餐巾紙：吃完飯使用紙巾輕擦嘴角是注重儀態的表現。

這類人非常小心，注重自己在眾人面前的印象，言談行為都盡量溫文爾雅，絕對不讓人覺得自己粗魯，哪怕在吃飯這種日常生活習慣上。

有時候，為了保持這個形象，他們不太流露自己的真正感受。在人際關係方面，

擦乾淨，別讓油漬影響我的心情！

他們也抱著點到即止的態度，很少流露熱情奔放的一面，他們相信君子之交淡如水的交際原則。

❷ 選擇手帕：當這種人習慣了某一種方式去做一件事情時，就不會輕易改變。**基本上是慢熱的人，他們需要仔細觀察對方才能決定一個人是否可以成為自己的朋友**，所以他們現有的朋友都是相識一段時間的。

❸ 選擇面紙：如果有人在隨身包裡隨時備妥面紙的話，那麼**他們一定很注意生活細節，喜歡事事都按照計畫進行**。他們也樂於照顧別人，當他們拿面紙出來用時，通常也會遞給別人共用，他們不會標新立異，因為追求的是平靜淡泊的生活。

❹ 選擇衣袖或手背：這類人毫不注重自己的外表或衛生、為人懶散，甚至有些粗俗，因為他們的生活條件和所受的教育限制了他們。

### ③ 沐浴習慣看性格

洗澡是日常生活中一件非常重要的事，多數人只要有條件每天都會沐浴把累積了一天的塵垢細菌洗淨，以清新的面貌面對新的一天。因此當一個人脫下衣服、卸下扮演的角色時便還原成真正的自己。而事實上，不同的沐浴習慣也能反映出不同的性情及對生活的不同看法。

❶ 熱水淋浴：不像大多數人洗溫度適宜的澡，而是不分寒暑把水溫調得很高才沐浴。這類人很有可能是「感受型」的待人接物，非常講究直覺，假如第一眼接觸某人就有好感便會一見如故，迅速發展友誼，否則他們會立即採取避開的態度。在吃的方面，它們也追求味覺的刺激，吃什麼菜他們都要加點味道更濃烈的調味料，喝清淡的湯也可能要撒胡椒粉！在衣著（包括領帶）方面，他們喜歡選擇鮮艷的顏色，款式上亦盡可能追求時尚。

❷ 冷水淋浴：喜歡冷水澡的人身體一般都比較強健，因為能在冬天也堅持洗冷水不是一件容易的事。通常他們喜歡保持冷靜，認為面對事情時最重要的是保持頭腦清醒。他們在眾人面前**經常以自己的理性、邏輯性強為傲，而且他們對每件事和每個人都有獨特的見解。**

幾乎只洗冷水或熱水澡

冷水：冷靜、理性、邏輯性強。

熱水：講究直覺以及第一印象。

喜歡按摩式淋浴

追求物質的享受，很少自尋煩惱！

多為女性，在意外表的吸引力！

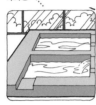

喜歡泡溫泉大眾池

自由主義，較不受既有秩序規範！

做事徹底、有耐性，決定了就會完成！

喜歡享受蒸氣浴

喜歡在浴缸中泡泡浴

❸ 按摩式淋浴：注意，這裡所說的不是偶爾使用一次，而是非常熱烈地追求這種沐浴方式的人。這類人相當**追求物質的享受**，他們的哲學是「人生苦短，就應該盡情享受人生」，他們也很少會自尋煩惱，更不會涉入感情的糾紛。

❹ 溫泉大眾池：有些人喜歡泡溫泉，如果經常以泡溫泉替代洗澡的話，可能是追求自由主義的人，不受一般社會常規或舊式道德規範的約束。他們對朋友慷慨大方，有時寧願先照顧朋友的需要而忘記家人。

❺ 蒸氣浴：有享受蒸氣浴習慣的人做事徹底、有耐性，他們認為只要肯去做沒有什麼做不到的。這種態度為他們帶來成功，但在人際關係方面，有些人會覺得他們太過專橫，難以相處。

❻ 泡泡浴：喜歡這種沐浴方式的人多為女性，她們對自己很放縱，喜歡享受長時間的美容浴，特別在意外表的吸引力。

# 從化妝習慣看女人

化妝的作用不僅僅是美容和禮儀，一個人化妝習慣與其性格和思維方式也有著緊密的關聯。

人們會為了保護肌膚或修飾外表而注重化妝，化妝能表現出女性獨有的天生麗質，和增添風韻、魅力。美好的妝容能喚起女性心理和生理上的潛在活力，增強自信心，使人精神煥發。然而，化妝的作用不僅僅是這些，一個人化妝的習慣與其性格和思維方式也有著緊密的關聯，所以可以根據女性的化妝習慣來推測其性格特徵。

❶ 化淡妝的女人大多沒有太強的表現慾望，希望誰也別注意她們，她們個性低調，通常簡單塗抹一下使自己不至於太邋遢就行。她們**大多屬於聰明和智慧的類型，不會將時間和精力都耗費在梳妝台前**；她們往往有自己的規劃，而且敢拚敢衝，所以較能獲得成功。她們有秘密甚至會珍藏一生也不向他人透露，她們最希望得到別人的尊重，對她們的難言之隱給予支持和理解。

❷ 喜歡化濃妝的人與喜歡淡妝的人相反，她們的**表現慾望非常強烈**，總不辭辛勞地將各種化妝品用在臉上，並用各種工具修飾五官，為的是想吸引他人的目光，而異性的欣賞目光往往使她們心花怒放。**前衛和開放是她們的想法核心，她們對一些大膽和偏激的行為保持讚賞的態度。**她們真誠且熱忱，一些惡意的指責並不能使她們受多大的傷害，也很懂得尊重他人。

❸ 有些人從小開始化妝，這樣的人會將自小養成的化妝理論和方法一直延續到大。其實這是一種懷舊心理作祟，美好的過去讓她們回味無窮，忘記現實中的煩惱和不如意，但她們依然保持頭腦清醒，不會沉迷其中而忘記現實；她們**講究實際，會極力把握現在所擁有的。她們熱情善良、善解人意，有很多可以推心置腹的朋友。**

❹ 有的人把自己絕大部分時間都花在化妝上，她們為了完成自己的目標不惜花費巨大代價，任何事情都追求盡善盡美，屬於典型的完美主義者。她們傾盡所有也要使自己的容貌達到滿意的地步，最主要的是**她們對自己的才智和財力都有十足的把握，而唯一放心不下的是自己的外貌**，為了成為一塊無瑕美玉因此不停地審視自己，用化妝掩飾不足。

❺ 有的人在化妝時會特別在意某一處，這樣的人通常都相當瞭解自己，明白自己的優缺點。她們充滿自信並堅信付出就會有回報，所以會腳踏實地地為自己的目標奮鬥，她們**講究實際、注重現實，不會沉溺於虛無縹緲的幻想**。她們遇到事情鎮靜沉著、對事情的判斷堅決果斷，但不能縱觀全局往往使她們收穫甚小。

❻ 還有的人喜歡煙燻妝，眼皮周圍黑乎乎或是藍幽幽的，嘴唇有時黑有時紅；有時大嘴巴，有時小嘴巴，**喜歡化這種妝容的人把它當成宣洩感情的一種方式，她們通常具有強烈的叛逆心理**，主要是自小受到家庭的溺愛，總是滿足她的要求，但現實生活每每與她們的願望相悖，所以用一些非常規的思想和行為與社會分庭抗禮。

❼ 當然，在生活中也有一些女性是根本就不喜歡化妝的，而這種出自最自然的美往往會給人一種耳目一新的感覺。這類人通常不會從表面上看問題，而會靜心地探究事物的本質。

# 從習慣動作看性格

人們日常做出的各種習慣行為，實際上反映了客觀情況與他們的性格間的一種特殊對應變化關係。

一些人的某些習慣動作深受個性影響，這對我們客觀評價他人具有重要的參考價值。

這些動作是人們一天天逐漸形成的，有著極強的穩定性，很難一時改變過來。心理學家萊恩曾說過：「人們日常做出的各種習慣行為，實際反映了客觀情況與他們的性格間的一種特殊的對應變化關係。」所以，由習慣性動作可以瞭解個性。以下就簡單地介紹行為學家歸納和分析動作所代表的性格特徵，以便大家可以觀察他人瞭解對方的真心和誠意。

❶ 習慣性點頭：在交談中總是習慣性點頭的人往往比較關心和體貼他人，知道配合的重要性，在生活和工作中都願意向他人伸出援手，能夠理解對方的弱點，**在能力所及的範圍內尋求解決方案，具有熱心助人的性格特徵**。

他們能夠聆聽對方完整的說話內容並給予認真思考的回應，讓說話的人有被認可的感受，所以會反過來認可和欣賞他們，把他們當成可以深交的夥伴。他們總是真誠地關懷和體貼朋友並隨時準備給予幫助，最難能可貴的是他們經常在未得到別人請求時便伸出了援手。

❷ 經常搖頭或點頭：「搖頭」或「點頭」表示對某件事情看法的否定或肯定態度，經常出現的話，表示他們在社交場合雖然很會表現自己，卻時常遭到別人的厭惡，引起他人的不愉快。**這樣的人自我意識強烈、工作積極，看準了一件事情就會努力去做，不達目的誓不罷休。**

❸ 手插褲子口袋：雙腳自然站立，雙手插在褲子口袋裡時不時取出來又插回去代表猶豫不決，有這種動作的人**性格比較小心謹慎，凡事三思而行**，在工作中缺乏應變彈性，總是用一種辦法解決很多問題，他們

猶豫不決、小心謹慎、抗壓能力差！

象徵著等待與期望，這類人一般很有自信！

表示找到了解決問題的方法，是放鬆的行為！

手插口袋不時取出又插回

雙手背在身體後方自然站立

說話時不時拍打頭部

對突如其來的失敗或打擊心理的承受能力很差，在逆境中總是表現得垂頭喪氣、怨天尤人。

❹ 雙手背後方：兩腳併攏或自然站立，**雙手背在背後表示等待與期待**，這類人在感情上比較急躁，但與人交往關係融洽，其中較大的原因可能是他們很少對別人說「不」。在某些場合，這種身體語言表示自信與權威。

❺ 拍打頭部：大多數時候，拍打頭部這個動作的意義是表示對某件事情突然有了新的認識；如果說剛才還陷入困境，現在則走出了迷霧，找到了處理事情的辦法。時常拍打前額的人一般是個直腸子，有什麼說什麼，不怕得罪人。

❻ 手部動作：有些人與人談話時一定會有一個手部動作，比如相互拍打掌心、攤開雙手、擺動手指等強調說話內容。他們做事果斷、雷厲風行、自信心強，習慣在任何場合把自己塑造成一個「領袖」人物，**性格大多屬於外向型，很有男子氣概**。

❼ 觸摸頭髮：這類人個性比較突出，其性格鮮明、愛憎分明，尤其嫉惡如仇。經常做一些冒險的事情，喜歡擠眉弄眼，愛調侃他人。他們之中有的缺乏內涵修養，但**他們特別會處理人際關係，處事大方並善於把握機會**。

❽ 手摸頸後：當一個人手摸頸後時往往是出現了懊惱或後悔等負面情緒，**這個姿勢稱為「防衛式的攻擊姿態」**。遇到危險時，人們會不由自主地用手護住腦後；在防衛式的攻擊中，防衛是偽裝，但手沒有放到腦後而是放到頸後。女人則會伸手往後撩髮來掩飾懊惱情緒，並裝作毫不在意的樣子。

❾ 攤開雙手：大部分人要表示真誠與公開的一個姿勢，便是攤開雙手。義大利人很常使用這種姿勢，當他們受挫時便雙手一攤做出「你要我怎麼辦」的姿態。

當別人提出他們做的事情出現了不好的跡象時，他們攤開雙手表示自己也沒有辦法解決，一副無可奈何的樣子。**攤開雙手手掌朝上時，聳肩的姿態有時也會隨著張開手而來。**

攤開雙手

❿ 言行不一：當你給某人遞菸或其他食物時，對方嘴裡說「不用」、「不要」但手卻伸過來接，這種人比較聰明，愛好廣泛、處世圓滑、老練，而且不輕易得罪別人。

⓫ 東拉西扯頻頻打斷別人話題：他們性格較冒進、浮動，給人一種毛頭小子的感覺，很少有人會和他們長時間交流，所以他們較少真正的朋友和可以依靠的人。這類人做事往往虎頭蛇尾，雷聲大、雨點小，所以如果有什麼事情非得求助他們的話，也千萬不要把全部的希望都寄託在他們身上，否則肯定會吃大虧。

⓬ 心不在焉：心不在焉的人通常不重視談話過程，即使用心聽了也是錯誤百出；他們做事拖延，因為根本就不知道對方要自己做什麼，而且得過且過。即使目標明確條件也成熟，他們又往往無法集中精力或是一心二用，接到手中的任務往往不了了之且又毫無責任感，因此終身都難有所成就。

# 從興趣剖析人心

興趣愛好是人們生活、工作、學習之外的娛樂、休閒活動，它是一種價值取向，可以反映出一個人的志向、追求和品格。一個人喜歡什麼、愛好是什麼，可以看出他做人的脾氣和品味。我們的興趣愛好不像工作、家庭生活一樣受制於人際關係，能夠自由選擇，所以更能反映一個人的性格。

# 喜歡閱讀的類型

我們可以透過人們在空暇時間喜愛閱讀的圖書報刊種類，來瞭解他們
個性上的一些特點以及情緒上的某些變化。

書籍是人類進步的階梯，是淨化靈魂的工具；讀書不僅可以明智還能
陶冶性情，增加內涵修養，所以一個人的性格與其所讀的書籍也有著密
不可分的內在聯繫。正因為如此，我們就可以藉由人們喜愛閱讀的圖書
報刊種類，來瞭解他們個性特點和情緒變化。

以下歸納出閱讀種類性格特徵幫助大家瞭解：

❶ 喜歡喜劇性書籍的人通常與憂愁、痛苦和煩惱無緣，這類人必定
是樂天派。他們總是笑口常開、青春永駐，具有瀟灑的風度和風趣的性
格，任何困難或阻力都無法使其感到為難。

❷ 喜歡看傳記題材書籍的人一般思維縝密、深思熟慮。這類人既有
雄心壯志又能腳踏實地，而且謙虛好學是他們最大的特點，他們在**做出
某項決定之前會思考再三，從不輕率冒險，所以往往比較容易成功**。

❸ 喜歡閱讀報紙和新聞性刊物的人比較關心國內外大事，這類人不
願落於人後，經常關注世界變動，使自己的言行時時刻刻能跟上時代的
腳步。

同時在面對問題的時候，他們**通常具有敏捷的思維，對新事物能做出
迅速的反應**。

❹ 喜歡浪漫言情小說的人通常生活較為豐富充實，**他們對事物有很
強的洞察力，很相信自己的直覺**。他們對生活充滿信心，總覺得生活那
麼美好、充滿陽光，即使自己陷入困境或面臨失敗也會頑強抗爭，不會
無精打采、沮喪失落。

❺ 對畫報或是大型畫冊興趣濃厚的人肯定熱情好客、交友廣闊，同
事、親戚和好友也都願意到他家拜訪。

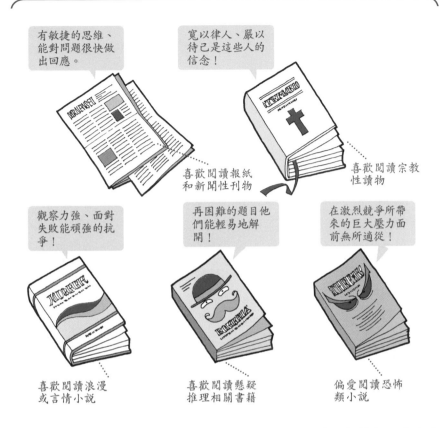

他們在自己舉辦的宴會上絕對也是十分稱職的主人，能讓每一位賓客有賓至如歸之感。

❻ 喜歡拜讀宗教性書籍的人大多為人誠實、勤快不偷懶，而且尊敬專業、尊重知識。他們在處理人際關係時，寬厚待人、嚴以律己，與人為善是這類人的重要原則。

❼ 喜歡看懸疑推理、警匪書籍的人喜歡動腦筋和解難題，在許多人看來束手無策的題目到了他們的手上卻能輕易地解開。

而且對於一些令人望而卻步的難題，他們反而興趣倍增，以解開它們為樂事，並不會因為碰到疑難雜症而感到困難就退縮。

❽ 喜歡看科幻類圖書的人**通常都有發達的思維、豐富的想像力和超**

強的創造力，在工作中也會出色地完成自己負責的工作，也對未來充滿希望。

❾ 喜歡閱讀婦女相關書籍的人通常希望能夠成為女性中的佼佼者，因此在事業極具上進心，工作時自我要求嚴格，力求做到盡善盡美，而且**行事謹慎，深怕自己的過失或是疏忽鑄成大錯造成遺憾**，所以這類人實際上生活得很累，終日如履薄冰。

❿ 喜歡閱讀財政經濟一類書報雜誌的人通常很崇拜那些在事業上卓有建樹的大人物，並以他們為榜樣，希望能充分發揮自己的競爭力，成為業界領頭羊。

⓫ 喜歡看時尚雜誌的人通常會比較**關注自己的身分地位，有時甚至脫離現實地抬高自己**，最後的結果往往是弄得自己下不了台。

⓬ 特別喜歡讀詩詞的人**通常熱愛生活，對人世間的一切充滿正能量**，大自然是那樣的美好可愛，充滿著溫馨和朝氣。與此同時，在詩的熏陶下，他們會有意識地反思，使心靈得到淨化，遠離「假惡醜」，追求「真善美」。現代社會有許多人對於喜歡讀詩詞的人存有偏見，覺得他們似乎有點神經質。

⓭ 倘若一個人對歷史書籍特別感興趣並讀得津津有味，那麼就可以斷定他一定很尊重事實，講究現實和重視效率是他們待人處世的原則，他們**通常會將自己的時間安排得很緊湊，努力工作或認真做學問**。所以他們從來不會出席那種毫無意義的閒聊場合，也不會和那些無所事事的人交往。

⓮ 著迷於恐怖故事的人或許對生活感到厭倦而壓抑，或許在激烈競爭的巨大壓力下無所適從，又或許面對多次失敗而不堪重負。為了擺脫內心的空虛焦慮，只好靠刺激來獲得解脫，因此特別喜歡這類書籍，但通常效果並沒有那麼理想，只能暫時使他們忘卻煩惱和抑鬱。

如果在朋友圈中有這樣的人，那麼就需要多關心其情感和生活，多開導開導他了。

觀察自己，思考
看看自己屬於哪
一類！

# 音樂偏好與性格特點

喜歡古典音樂的人能用理性壓住感性,他們很多時候要比一般人懂得自我反省並知道什麼對自己有用。

如果說書籍是終身的伴侶,那麼音樂就是大眾的情人。美妙的音樂帶給人們性情的陶冶、心靈的傳遞。

有很多人和音樂結下了不解之緣,有的人會把音樂當成畢生的理想來追求、堅持不懈;有的人把音樂當成導師,藉由音樂來激發自己的活力和動力;有的人把音樂當成知己,把自己最深的感觸向音樂傾訴。

喜歡聽什麼樣的音樂與性格有著很大關係,因此可以總結出以下喜歡的音樂所反映的性格特徵。

❶ 喜歡聽古典音樂的人大多信心十足、躊躇滿志、積極樂觀,他們遇事**通常能想到積極的一面**,其中交響樂的氣勢磅礴象徵一種不平凡,因此這類人也很**喜歡彰顯自己的與眾不同**。大多時候他們要比一般人**懂得反省,知道什麼對自己有用**。

他們從音樂中汲取相當多人生感悟卻很少有機會與人交流,這部分不可得的共鳴使得他們形單影隻。

❷ 喜歡搖滾樂的人大多害怕孤獨,不能忍受寂寞,喜歡搖滾樂的人還有一個特點是**喜歡張揚、引人注目。而且,他們又能夠將愛好作為指引,懂得借用搖滾巨星的光環使自己在世俗中趨於平靜**,得到心靈上的慰藉。

❸ 喜歡進行曲的人大多**墨守成規且不知變通**,很容易滿足現狀,但是他們對自己的要求也很高,不允許出半點差錯,力求完美,而現實中的不完美常常使他們動搖、失望甚至遍體鱗傷。

信心十足、正向樂觀，通常能想到積極的一面！

喜歡與人相處，也樂意與志同道合的人交往！

容易滿足現狀，但是對自己的要求很高！

成熟老練，不會做出令自己後悔的事！

喜歡古典音樂　　　喜歡搖滾樂　　　　喜歡進行曲　　　　喜歡鄉村樂

❹　愛好爵士樂的人性格中感性成分佔的比例較大，不會理性分析現實面。他們**喜歡無拘無束的生活，希望自己能掌握一切，時常會冒出新奇的想法，追求創新和改變**。但是現實的生活常常會讓他們感到莫名的恐懼，矛盾的性格給他們蒙上了一層神秘的色彩，然而在人前，他們永遠魅力十足。

❺　喜歡流行音樂的人屬於平凡的隨波逐流類型，在人際交往過程當中他們總是趨於中庸，希望遠離複雜的思慮。他們總是力圖透過流行音樂保持身心的輕鬆和自在，不太喜歡思考，也不喜歡過於複雜的事物，**追求一種相對簡單和自由自在的生活方式**。

❻　喜歡鄉村音樂的人大多成熟老練，不會輕易做出令自己後悔或有損利益的事，他們細心又敏感，關注社會問題，能夠同理弱勢群體。他們**追求安靜和怡然，不喜歡大城市的紛繁與喧鬧**，喜歡過一種完全由大自然包圍的田園生活，並為此不遺餘力。

# 旅遊的方式與性格

不同的出遊目的會選擇不同的方式和地點，人們喜愛的旅遊方式與他們
潛在的性格有著千絲萬縷的關係。

旅遊是一種精神享受，是在物質生活獲得基本滿足後出現的追求。一名社會學家說過人有「求新、求知、求樂」這三種訴求，這是人心理共通點。

人們為達到度假、休養、娛樂、探險、求知等目的，在許多國家和洲際之間遨遊，不同的出遊目的會選擇不同的方式和地點，這與他們潛在性格有著千絲萬縷的關係。如果你想要瞭解自己或身邊人的真實性格，可以參考以下旅遊與性格的分析。

❶ 有的人喜歡大海和海灘，因此外出旅遊總是喜歡選擇濱海城市，喜歡躺在海灘上看著一望無際的大海邊享受日光浴，偏好這種旅遊方式的人**性格通常較為保守、傳統、城府很深，通常不願暴露真實情感**。

他們不熱衷於人際交往，無論是對朋友還是事業夥伴，但是他們有很強的責任心，子女會得到他們極大的關愛和無微不至的照顧，是孩子們心中的好父母。

❷ 喜愛登山的人性格上大多內向，由於經常組隊向岩壁挑戰，以攀登、征服人煙稀少、人力難及的險峻高峰為目標，也因此對大自然的態度也不同於外向型的人，他們**對於大自然的險峻、嚴酷以及美麗又愛又懼，雖然敢於挑戰，但是始終不把它當成享樂的休閒對象**，他們一向以真摯的態度對待那些想要征服的高山大川。

真正名副其實的登山愛好者不僅抗拒不了山峰險峻的誘惑，也熱愛高山植物、蟲鳥、溪流、冰河等自然景觀，這一類人幾乎毫無例外地對自己也相當嚴苛。

性格較為保守、城府深，不願暴露真情感。

屬於對自己相當嚴苛的內向型。

想像力豐富，有著講究實際的人生觀！

喜歡露營

對新鮮事物充滿熱情、對人生充滿信心！

喜歡大海和海灘

熱衷於登山

喜歡出國旅遊

❸ 喜歡露營的人性格較保守，推崇傳統倫理觀念，嚴格按照崇高的道德標準行事，一舉一動都會吸引大眾的目光，具有很高的道德感。

他們主張獨立，不喜歡受到長輩的庇護和約束，他們的**想像力非常豐富能夠化平凡為神奇，有著講究實際的人生觀**，對待他人不卑不亢有明確的社交之道。

❹ 喜歡出國旅遊的人通常都比較時尚，而且站在了時代潮流的最前線；他們**喜歡求新求變，對新鮮事物充滿熱情、對人生充滿信心，而且樂觀向上**，經常在談笑風生之中化生活壓力為烏有。

❺ 喜歡自然景致的人喜歡無拘無束、輕鬆自在的生活，受約束和一成不變常常令他們苦不堪言。他們常常**充滿活力、富有激情，做事很容易得心應手**，有著豐富的想像力，喜歡追求生活中的新思想或新事物，並且能夠對自己的人生負起責任。

# 飲食偏好透露的性格

偏食肉類及高脂肪的食品使血液中的尿酸增加，個性易變得太過活潑，
成為頑固、好鬥、不太變通的人。

飲食對一個人的性格養成影響很大，醫學專家研究發現由偏食引起的營養不良及暴飲暴食易形成以自我為中心、任性的性格；魚類攝取過多易形成優柔寡斷的性格；鹽分及糖分攝取過量，蛋白質及鈣質不足較會形成易怒性格；卡路里的攝取太低，魚肉類的蛋白質不足導致貧血、體力不足，從而易造成緊張、不安、對人不信任；偏食肉類及高脂肪的食品使血液中的尿酸增加，個性易變得過於活潑，成為頑固、好鬥、不太變通的人。

行為心理學家對此進行了研究，從一個人喜愛吃什麼食物也可以看出這個人的性格。

### ① 從偏好的口味來看

喜歡吃清淡食物的人通常比較注重交際，善於與人親近，他們的個性隨和但獨立性不強，做事不願意單槍匹馬；喜歡吃酸性食物的人通常都有很強的事業心，但性格孤僻、不善於交際，而且遇到困難容易鑽牛角尖。

喜歡重鹹食物的人性格成熟，在待人接物方面比較穩重、有禮貌，做事有計畫，喜歡埋頭苦幹；嗜辣食物的人通常頭腦靈活、善於思考，遇事很有主見，但有點愛挑剔；嗜甜的人個性熱情開朗平易近人，這類人做事喜歡循規蹈矩，交代的事情都能按時按量完成，但缺乏冒險精神，遇到沒有把握的事情不知道如何應對。

### ② 從偏好的水果來看

偏愛桃子的人與周圍朋友間的關係非常融洽，是個善於交際的人，不

善於交際、與周圍朋友間的關係非常融洽！

具有很強的行動力，但有時過於任性和莽撞！

優雅、有審美觀，對時尚有獨到的見解！

不爭吵，懂得體貼，但是缺乏自己的原則。

有美感與想像力，卻給人難以相處的印象！

桃子　　　　香蕉　　　　櫻桃　　　　西瓜　　　　葡萄

過解決困難的能力不是很高；偏愛水梨的人懂得節制，他們行事謹慎、善良有禮、實事求是而不浮華，能夠配合他人，但這種人過於保守和消極常因此錯失良機。

　　偏愛橘子的人溫和善良、協調性好，即使心中有萬般苦楚也不忘將笑容掛在臉上，這類人比較注重家庭生活，喜歡與知心好友聚餐談心，因為是好好先生小姐而常吃虧，但大多人緣不錯。偏愛香蕉的人具有很強的行動力，但有時過於任性和莽撞而讓他人覺得為難，偏好這種水果的男性社交能力較強，而女性則有男性化的特質，對金錢與工作很積極。

　　偏愛櫻桃的人舉止優雅，有敏銳的審美觀，對時尚有獨到的見解，但想的比做的多；因為羞怯不善於自我推銷在愛情路上往往表現得比較幼稚。偏愛西瓜的人脾氣好、善於忍耐，而且從不抱怨也不爭吵，懂得關心體貼別人，但是他們缺乏自己的原則。偏愛葡萄的人比較孤獨封閉，不過很善於保守秘密。這類人雖然有強烈的美感與想像力，卻給人冷漠難以相處的印象，除非是深交多年的人否則難以窺測其真實的內心。

# 顏色喜好與性格

我們對顏色的選擇反映我們的生存狀態,顏色之於心理、性格,心理、性格之於職業,都有著一定的關聯。

---

顏色給我們很多感覺,尤其在現在的社會中,顏色會以千百種姿態存在。我們對顏色的選擇反映我們的生存狀態,顏色之於心理、性格,心理、性格之於職業,都有著一定的關聯。

從一個人對色彩的喜好可以看出其潛藏的性格特徵和生活態度,以下就讓我們來看一下色彩喜好所隱藏的個性。

❶ 偏愛紅色的人:紅色是代表行動的顏色,而紅色的食物或飲料也通常具有提神醒腦的功能。喜歡紅色的人**個性積極、充滿鬥志,通常意志堅強不輕易屈服**,凡事都想依照自己的計畫行事,一旦無法實現便會出現反彈的舉動。儘管如此,不論碰到多少困難都不能輕易打倒這類精力充沛的人。

❷ 偏愛黃色的人:與金屬相結合的黃色是「理智之色」。看到黃色容易提高自制力和注意力,因此喜好黃色的人**大多屬於理論家類型。他們雖然才能出眾卻容易恃才傲物**,由於自尊心強又對自己極具信心,因此經常希望得到別人的肯定和讚賞,是生命力旺盛的人。

❸ 偏愛藍色的人:藍色是天空和海洋的顏色,象徵冷靜和浪漫。看到藍色心情就會穩定下來,喜好藍色的人多具有**善良和豐富的感受力,而且心思細膩、容易感傷,對人也十分敏感**,希望被溫暖的愛所包圍,是與其愛人寧願被愛的類型。這類人個性樸實容易得到他人的好感。

❹ 偏愛綠色的人:綠色是「紅」與「藍」的中間色,偏愛綠色的人性格上也居於兩者之間:既有行動力,同時又沉靜思考,擁有這兩種截然不同的特質,也就是兼具優雅與理性,喜好**寂寞又謹慎保守,他們行**

事不會逾越本分，非常明白自身立場所以深受別人信賴，對於別人的請求或委託總是欣然接受。

❺ 偏愛紫色的人：紫色是紅和藍兩個極端色混合而成，因此這個顏色充滿著神秘不可理解的複雜情調。喜歡這個顏色的人多屬於藝術家類型，內心強烈渴求受他人肯定。他們往往多愁善感、愛幻想，渴望羅曼蒂克和奇遇，是心理和感情上比較不成熟的人。

❻ 偏愛白色的人：白色象徵單純，代表神聖、理想。偏愛白色的人大多不會將自己的感情流露在外，他們不會光看事物表面會進一步探索內在本質。這類人的個性實在，做事努力認真、責任感強，所以深受他人信賴。

❼ 偏愛黑色的人：他們一般性格都很極端，差不多對所有事情都非常不滿，認為樣樣都不合理，不願意透露自己的心思給別人知道，也聽不進別人的意見，而且屬於矯揉造作、好擺架子的性格。

❽ 偏愛橘色的人：橘色是不太討人喜歡的顏色，特別不受女性歡迎。可是喜歡橘色的人卻都具有出眾的社交性格，可以與任何人相處融洽。這類人經常笑臉迎人、先向人打招呼問好，他們喜歡與人相處，不喜歡獨處。當他們喜歡上別人時，通常會以朋友的身分愛慕對方而不會大膽熱情示愛。

Chapter

# 8

# 穿著打扮

　　每個人的審美觀不同，在穿著打扮
上也往往各有風采。這種在衣著服飾
上的表現手法和一個人的性格特徵可
以說是密不可分，所以從一個人的穿
著打扮不難瞧出其個性的些許特徵。

# 選擇戒指的目的

有人佩戴戒指是為了圖吉祥、求好運，或是求得某種心理上的平衡，更有許多人是為了炫耀自己的財富以及身分地位。

據悉，戒指起源於古代宮廷。女性戴戒指是用以記事，所以古時戒指又可稱為手記；戒指也是一種「禁戒」、「戒止」的標誌。宦官會記下嬪妃侍寢的日期，並在她右手上戴一枚銀戒指作為記號；當后妃妊娠，她會在左手戴上一枚金戒指以示戒身。後來慢慢變成結婚的信物。

隨著時代進步和發展，戒指具有更多的含義，比如以戒指作為訂婚和結婚的紀念。互相贈戒指作為男女之間表達愛情的一種信物或表示對親人的一種紀念；也有許多人佩戴戒指是為了美觀、圖吉祥、求好運或是求得某種心理上的平衡；更有許多人是為了炫耀自己的財富以及表示某種身分地位。

戒指作為整體美的一種裝飾已被許多人所接受。戒指作為一種個性與風度的表現，也和其他飾品一樣扮演一個新的角色；這種戴在手上的裝飾品也是一種向別人展現自己的方式，甚至成為引人注目的社交手法。戒指顯示的通常是一個人的內在，透過戒指我們往往可以看出它主人的一些性格特徵。

❶ 戴的戒指越大越華麗，越表明這個人的自我膨脹感和表現慾望越強烈。同樣的，手指上的結婚戒指戴得越緊，表示他對婚姻的忠誠度越高。不過，如果他在玩手中的結婚戒指，並讓它在手指上滑來滑去，則表示這個人對他的婚姻並不如口中所說的那麼滿意。

❷ 有些人會戴代表自己生日標記的戒指，他們大多很想讓他人瞭解關注自己，

同時也非常想瞭解他人並且會給予一定關注。戴刻有家族標誌戒指的人非常重視家庭，而且也有表現、證明是這一家族成員的心理。

❸ 喜歡戴鑽石戒指的人則代表他們願以此引人注目，他們常會為自己的成就沾沾自喜，而且還有一點驕傲自滿，常陶醉在過去的美好意境當中。

❹ 喜歡戴鑲有寶石戒指的人**大多非常在意自己的外在形象，卻忽略了內在的修養**，所以雖然他們外表看起來很有實力，但實則腹內空空。他們多有較豐富的想像力，而行動大多是一時的心血來潮。

❺ 樂於戴一枚小戒指的人大多有比較豐富的想像力和突出的創造力，只是這些東西時常不適合生活，他們常懷著非常迫切的心情想向他人說明自己的想法。他們的生活態度相對比較積極，在很多時候知道如何適當地表現自己。

❻ 對手工戒指情有獨鍾的人一般內心比較複雜，因為手工戒指多是非常獨特且複雜，他們的性格大多也是如此。他們也有較強烈的表現慾望，為了讓他人認識和關注自己可能會花費很大一番心思。**這種人往往喜歡標新立異，樹立自己獨特的風格，並且有十足的信心認為一定會成功。**

當然，除了上述戒指的種類，也有些人是從來不戴戒指的，這說明他們並不喜歡雜亂和紛擾的感覺。

他們在生活中凡事力求自然舒適，這樣才會感到自由，可以無拘無束地表達自己的各種思想和情緒。

# 戴眼鏡的習慣

正如人們所做出的許多細微動作都能夠揭示人內在真實意圖一樣，配戴眼鏡的一些習慣也能揭示一個人的情緒和性格。

眼鏡既是保護眼睛的工具，又是一種裝飾品。有的人配戴眼鏡是為了矯正視力，而有的人則是為了修飾面容。正如人們所做出的許多細微動作都能夠揭示內心的真實意圖和性格特點一樣，配戴眼鏡的一些習慣也能揭示一個人的情緒和性格。

如果在工作場合，戴眼鏡的人往往會給人勤奮、聰明、保守、有教養和誠懇的印象。**鏡框的材質越厚重，這些印象就越鮮明，而且不論男女均能得出以上結果**。這很可能是因商界領袖總是選擇材質厚重的鏡框。所以在商務場合，眼鏡就象徵著權力，但是無框或是細框的眼鏡則不會給人威嚴的印象，它只會告訴別人你對時尚更感興趣。

這些研究結果也同樣適用於社交場合。所以**建議那些職位較高的人在闡述比較嚴肅的問題時，最好配戴鏡框材質較為厚重的眼鏡**，例如向眾人宣布財政預算的時候。而當你想要傳達「好夥伴」的形象時，最好配戴無框或者細框眼鏡。

除了鏡框的厚薄能給人不同的印象之外，配戴眼鏡、擦拭眼鏡和透過眼鏡看人的舉動也能給人留下不同的印象，同時也展示了其內心的情緒和性格。

將眼鏡架的一端輕輕含在唇間，無疑是最常見與眼鏡有關的姿勢之一。把某件物品放在唇間或嘴裡，是人們企圖再次體驗嬰兒時期含住母親乳頭的那種安全感。

這也就表示，**咬眼鏡架的姿勢從本質上來說是渴望安全感的一種姿勢**。

正如抽菸一樣，如果某個人在談判結束前必須做出決定，那麼他往往就會做出咬鏡架的動作。頻繁地把眼鏡取下來擦拭鏡片也是為做決定爭取時間的另一種方法。如果這個人重新把眼鏡戴上，説明他想要再看看所有細節；如果把眼鏡折疊起來放到一邊，那就表示他想要結束這次會談；要是他直接把眼鏡扔到桌上，那就意味著他否決提案。

在生活中，有許多人喜歡把眼鏡戴到頭頂上，這個舉動能夠給人們一種隨和、年輕和「酷」的感覺，這是強調它的裝飾性而非實用性。習慣從眼鏡上方窺視的人，會為這樣的行為付出嚴重的代價，因為這種目光往往會被對方回敬以消極的姿態。所以如果你有

戴眼鏡的習慣，那麼在與別人交談時最好避免這種行為。這不僅會讓其他人感到自在，而且能夠讓你比較好掌控談話局面。

---

### 女性朋友要小心使用瞳孔放大片

配戴隱形眼鏡或瞳孔放大片會讓你的瞳孔顯得更大、更濕潤，也更明亮，這能夠幫助你塑造溫柔而性感的形象，這種形象在社交場合自然是恰到好處，可是在商務場合卻是致命的缺點，對女性來説尤其如此。

這是因為在商場上女性即使使出渾身解數試圖説服男士接受她的意見，但最後的結果卻很可能是男士沉醉於隱形眼鏡或瞳孔放大片所營造的溫柔與性感中，對她説的內容卻隻字不聞。因此，在商務場合要盡量避免使用。

# 個性也決定喜愛的包款

隨身包的種類各式各樣，人們可以根據自己的喜好選擇，以下我們先
從包包的樣式來看看主人的個性。

在現代社會裡，隨身包在生活中有著特殊的意義，不管在工作還是生活中，幾乎每一個女人出門的時候都會攜帶一個包，許多男士在出門時也會拿一個手提包。

人們之所以願意隨身攜帶包包，是因為這些各式各樣的包給他們帶來足夠的自信。與人幾乎形影不離的包包在一定程度上向外界傳遞了一定的訊息，因此透過包包也能夠認識其主人隱藏的心理和性格。隨身包的種類各式各樣，人們可以根據自己的喜好來選擇。

這裡我們先從包包的樣式來看一看其主人的個性，觀察不同的人所使用的隨身包發現：

❶ 選擇比較大眾化包款的人性格也比較大眾化，或者說沒有什麼特別鮮明、屬於自己的個性。

這種人在很多時候都是跟隨潮流，大家都這樣所以他也這樣選擇，比較沒有自己的主見，目光和思想比較平庸和狹窄。他們的人生多少有些收穫，但不會有很大的成就和發展。

❷ 使用特別款隨身包的人讓人看一眼就難忘，其性格要分兩種不同的情況來分析：一種是他們的個性的確特別強烈、特別突出，這一類型的人很多具有藝術細胞，他們喜歡我行我素、不被限制，而且他們標新立異、敢於冒險，有一定的膽識和魄力。

另外還有一種人，他們並不是真的有什麼特別的個性，也沒有什麼審美眼光，不過是**為了要顯示自己的與眾不同，故意做出一些與其他人別具一格的選擇以吸引更多的目光罷了**。這一類型的人自我表現慾望及虛榮心都比較強。

❸ 選擇多是休閒款式包包的人大多很懂得享受生活，他們對生活的態度比較隨便，不會過分嚴苛地要求自己。

他們比較積極和樂觀，也有一定程度的上進心，能很好地安排工作、學習和生活，做到勞逸結合，在比較輕鬆愜意的氛圍裡做好自己的事並取得一定的成就。

❹ 選擇公事包的人大多行事較小心謹慎，對人也比較嚴肅。當然，他們對自己的要求往往更高，所以大多時候總是特別謹慎，不容許自己有一絲隨便，力求做到每一細節都能精準無誤。

❺ 有小把手的方形或長方形的手提包在有些時候可以作為一件配飾，喜愛這一款式手提包的人多是沒有經歷過什麼挫折困難，他們比較脆弱和不堪一擊，遇到挫折容易妥協和退讓。

一般來說，小巧精緻但不實用的手提包是比較單純的女孩子的最好選擇，但**如果步入成年還熱衷於這樣的選擇，說明這個人對生活的態度非常積極樂觀，並對未來充滿了美好的期待**。

❻ 把購物袋當作隨身包的人很講究做事的效率，但做起事來又比較雜亂無章，他們的性格大多比較親切隨和、有耐性，滿足於自給自足。

❼ 喜歡具有濃厚民族風格包款的人**自主意識比較強、個性突出**，有著與他人截然不同的衣著打扮、思維方式等。

❽ 選擇中型肩背包的人在性格上相對比較獨立，但在言行舉止等各個方面卻是相對傳統和保守，還有一些喜歡超大手提包的人，性格大多自由自在、無拘無束，他們很容易與他人建立特別的關係，也會很容易就破裂，這是因為他們的**生活態度太散漫，缺乏必要的責任感**。

❾ 喜歡金屬製包款的人大多比較敏感，也能很快跟上流行，一般來說他們**對新鮮事物的接受能力很高**，但是這一類型的人在很多時候並不肯輕易付出。

除了包款可以顯示出一個人的性格外，根據包包內容物也可以看出一個人的心理，以下就是心理學家們的結論。

### ① 雜亂型

有的人喜歡將包包塞得滿滿的，一旦要找某件物品，總是要將所有的東西都掏出來才能找到自己所需的物品。這類「雜亂型」包包的主人在生活中多大大咧咧、不斤斤計較。不過，他們**一般不會體貼人，辦事較不深思熟慮和謹慎，工作不夠細緻**，因此在工作中責任感較高的人很難與他們合作。

### ② 整潔型

這類人的包包很乾淨整潔，裡面隨時帶有清潔用品、衛生紙、藥品、香水、指甲剪等物品，這反映在個性上是喜愛冒險、心地善良、危機感十足。

### ③ 整齊型

這種包包與前述截然不同，包裡任何東西總是井然有序且伸手可及；包款也大多樸素大方，顏色素雅，絕少鮮艷奪目。這種包包的主人都有強烈的上進心、辦事可靠、充滿自信、有組織才能、生活有條理、**對工作有高度責任感，但較缺乏想像力**。

### ④ 全面型

包包裡有備用眼鏡、保健藥盒、通訊錄、各種鑰匙串、指甲剪、針線和塑膠袋等物品應有盡有。如果在包包裡有這些東西，說明其主人的**個性認真嚴格、善於處理實際問題**、很能持家，是個心地善良的人。如果這些東西在男士的包裡，說明他在各方面都過度拘泥細節，心胸比較狹窄。

### ⑤ 收集型

這種手提包裡可以看到電影票、皺巴巴的發票、商品說明書，還有信

封、信函等等，這類人習慣購買大容量的包款，他們富於幻想、缺少條理、不善於處理各種生活瑣事、喜交際、愛炫耀。

⑥ 職業型

包包裡裝有各種筆記本、各種面值的郵票、信封、厚厚的本子、專業雜誌、當天報紙，且不只有一枝筆。他們也許性格各異但**普遍都具有自信、缺乏幽默，對生活上許多事情的看法過於簡單幼稚**，個人意識強。

當然，也有人不喜歡隨身攜帶包包，這可以分兩種情況來說。一種可能是因為他們比較懶惰，覺得帶包包是一種負擔；還有一種可能是他們的自主意識比較強，希望獨立，而手提包會在無形中造成一些障礙。如果不喜歡隨身帶手提包，特別是女性，將諸如手機、錢包等物品塞進口袋中，這就是一種「女權主義」的表現。

這類女性一般非常強勢，根本不喜歡提著一個包，她們內心有一種對自由和解放的強烈渴望，希望能與男人平起平坐，覺得有必要把自己跟一些過於女性化的東西劃清界限，比如手提包。

這類女性往往**特立獨行，不太考慮別人的感受，具有很強的自主性**。只要你細心觀察會發現美國前國務卿萊斯與其他衣著講究的女性名人相比有一個最大的不同，那就是她自己從來不拿手提包。你可以在所有有關萊斯的影像中發現幾乎都是助手在替她拿手提包。

# 性格影響口紅的使用狀態

女人的口紅就和她的氣質一樣。當面對一個女人的時候，從對方使用過的口紅形狀就能判斷她的基本性格。

口紅，又稱唇膏、唇棒，功能是使唇部紅潤有光澤，達到滋潤、保護嘴唇，增加臉部美感及修正嘴唇輪廓的效果，可特別突顯女性性感、嫵媚的一面。口紅的精緻好壞也直接反映女人的生活水準和態度。

如果一名女性唇上的口紅粗糙敷衍，與妝容服飾不協調，那麼她八成品位低俗、境遇不佳；如果女性的口紅就和她的氣質一般，細緻從容，搭配得完美無瑕，那麼毫無疑問，她是養尊處優懂得善待自己的人。口紅作為女性妝容重要的一部分，因此從對方使用過的唇膏形狀就能判斷出她的基本性格。

❶ 如果唇膏的形狀像球那樣圓圓軟軟的、沒有稜角，說明她們喜歡安安靜靜、與世無爭。這類人**聰穎、有手段，對事物有著極其敏銳的眼光**，她們會慢慢、悄悄地為自己開闢道路，然後一鳴驚人。當她們不再年輕，就會做一些以前曾經放棄的事情，這類女性深知自己要什麼，她們有品味、具有審美情趣，常給人一種孤僻冷漠的感覺。

❷ 口紅越來越尖細，代表口紅的主人堅毅果斷、精力充沛、行事目的性明確。這類女性**有幽默感，同時又認真、敏感，而且隨時熱心幫助周圍的人，所以通常有許多朋友**。不過這樣的人有時會過於嚴肅，令人心生畏懼。堅決果斷代表她非常希望贏得他人的尊敬，若不仔細觀察，很難察覺她們隱藏在這一面背後的幽默感。

❸ 圓潤的口紅形狀顯示出它的使用者很會平衡自己，而且**對事物的看法相當實際**。這樣的女性記憶力驚人，有時很靦腆讓人覺得冷漠、不好接近。她們也許有點缺乏想像力，但不會令人感到意外，因為她們知道如何確認自己的位置，處變不驚。

❹ 口紅形狀看上去就像一張軟軟的座椅，一張沙發，中間有弧度凹陷，口紅變這種形狀的女性普遍興趣廣泛、多才多藝，這樣的人在對待男士時熱情周到、無微不至。她們**愛交朋友，而且喜歡發掘和結交新朋友**，喜歡與朋友圍坐一起講述自己的故事。不過，她們的弱點是做事反覆無常，連自己也捉摸不定。

❺ 使用口紅習慣抹一邊剩下另一邊完整，口紅的外形極尖。這説明這種人不喜歡固定的東西。她們有熱情但易激動，喜歡旅遊和體驗新事物也是她們的一大特點。她們**為人單純、直率，總是認為自己的觀點才正確，就算有時只是一時衝動的想法**；她們為人大方但做事隨便，還有一個缺點——愛講別人的閒話。因此，她們很容易受傷害，精神比較脆弱。

❻ 有的女性使用過的唇膏兩邊會有尖角，如果一個尖角代表不夠堅決，那麼兩個尖角説明這種人常常同時為兩個不同的意願、不同的目標和不同的利益而左右為難、舉棋不定。儘管她們有著很好的才能，卻不知如何發揮，這種猶豫不決的態度常困擾她們。

❼ 口紅的頂端非常尖利，邊角處又十分乾脆利落，毫無疑問地，這類口紅的使用者是**完美主義者，外表靚麗、端莊，然而感情生活卻是一團糟**。這樣的人經常會覺得自己不被理解，而陷入抑鬱、悶悶不樂，總是不停幻想著一些電影情節般的愛情。

# 領帶搭配與人品

穿西裝時繫上一條漂亮的領帶，既美觀大方，又能給人莊重感。男人的
行事原則和人品往往會展現在領帶的打法與顏色的搭配上。

領帶是西裝最重要的裝飾，它的作用類似於女士的絲巾。法國作家巴爾扎克曾說「領帶是男人的介紹信」，它讓男士服裝變得完整。好的領帶搭配不僅是調劑單調乏味西裝的良藥，更能起到畫龍點睛的作用。一位只有一套西裝的男士只要經常更換不同的領帶，往往也能給人耳目一新的感覺，而一條好領帶除了能讓「西裝革履」錦上添花之外，更能給人一份莊重、高雅、瀟灑和氣派。

美國前總統歐巴馬在競選期間，其非凡的個人魅力並不只是因為他激昂絕佳的口才，其別具一格的時尚品位也佔了很大比重。在多次的公開活動中，他都以高質感的黑色西裝來代替中規中矩的藏青色，單排扣西裝配上標準的白色襯衫，再襯上一條 6 公分左右（2.5 英吋）寬的淺藍色領帶，簡潔幹練的風格突顯低調的優雅和蓬勃的生氣，與其滿腹經綸的儒雅氣質、溫文爾雅的紳士儀態尤為相稱。

如何能使領帶與西裝的配搭相得益彰可能也是他平時學習的一個重要課題。

可見，男士在穿西裝時如果繫上一條漂亮的領帶，既美觀大方又能給人典雅莊重之感。男人的行事原則和人品往往都會展現在領帶的打法與顏色的搭配上。

領帶流露出無法掩蓋的那一份色彩、那一份變化和那一份雅致，在藍、黑、灰一統男士西裝的天下，胸前點滴的亮麗色彩不經意間流露出男人的心聲，於是在方寸之間展開了無限的想像，或

狂放、或典雅、或含蓄，並藉由長長的領帶傳達其內心的豐富世界。

❶ 領帶結繫得既大又鬆的男人通常有著風度翩翩的氣質，他們情感豐富、追求自由，不喜歡受到約束。此外，他們很**喜歡和他人交往，有著極佳的社交能力**，所以很容易受到女性青睞。

❷ 領帶結繫得不大不小，大多會顯得容光煥發、精神抖擻。正是因為他們獲得了心理上的鼓舞，所以**在交往過程中會注重言談舉止，為了讓自己顯得彬彬有禮而不會輕舉妄動**。

從上述的介紹中大家一定也認識到了領帶的作用，因此在打領帶結的時候一定要注意把領帶打得恰到好處，但怎麼樣才能恰到好處呢？

首先，**領帶要與身分和職業相稱**，比如幹部、職員、官員上班或執行公務時配戴的領帶以莊重大方為妥，華貴的領帶會給人作風奢侈之感，而圖案奇特的會讓人覺得有些幼稚。

其次，**領帶要和西裝和襯衫協調**。一般來說，深色西裝宜搭配深色的領帶，而淺色西裝配淺色領帶，領帶顏色要與西裝顏色相近，也可略深於西裝。紅色和紫紅色（帶花紋或素色的）通用性大，可搭配許多種顏色的西裝。如果穿白色襯衫，那麼領帶顏色只要與西裝相配即可，不必考慮和襯衫搭配；如果是穿深色襯衫則宜配戴淺色，甚至白色領帶。如果只穿襯衫不穿西裝，領帶顏色的選擇可更自由。在領帶與服裝的搭配上也有人喜歡反差大的穿法，不過這要注意場合與身分。

此外，領帶也有季節之分。**領帶的厚薄雖不會改變頸部多少溫度，但是在視覺上確實有寒冷與溫暖的分別**。輕柔如絲綢質地的領帶比較適合炎熱的夏季，打出的領帶結也比較小，給人清爽的感覺；秋冬領帶的顏色以暖色為宜，深紅色、咖啡色之類的暖色調在視覺上能感到溫暖；在春夏季節的領帶的選擇性較多，不過可以以冷色系為主、暖色系為輔。

# 衣著打扮的影響

人們習慣服從、信任穿著制服的人，比如在馬路上人們習慣聽從交通
警察的指揮，而不會服從便衣的調遣。

---

　　服裝是流行的文化，是心靈意志的延伸。 因此，一個人的穿著打扮
已不僅僅是單純的防寒保暖，衣服會透露我們很多秘密，得體的穿著也
會讓我們增色不少。戀愛時，我們會精心打扮來吸引對方；而在工作時
我們穿著體面，盡量給老闆留下好印象。

　　人們有時還會使用配件或露出身體的某些部位來引人注目，向別人展
示自己有多麼健壯或是宣傳自己在社交、經濟或職業的卓越不凡，這就
是很多人會在參加重要聚會或赴約前精心打扮的原因。衣服還能表達我
們對某個特殊群體的忠誠度，例如我們可能會和自己喜歡、支持的球隊
穿相同顏色的衣服。

　　不論如何，衣服總能反映出一個人的情緒和個性。人們的衣著在很大
程度上影響我們對他們的看法，**雖然衣服本身不能傷害我們，但是它們
能在社交過程中對我們造成影響**。

　　比如，2001 年「911」事件發生後，部分美國人再看到中東地區人
們的穿著打扮時，就會表現出武斷和懷疑。

　　服飾最簡單的作用就是展示，**人們往往可以經由服裝來判斷一個人的
社會地位、經濟狀況、民族、職業、年齡等資訊。服裝的展示作用是直
接且明顯的**。在古代，服飾是用來區別高低貴賤的重要標誌。14 世紀
的英國，各階層服裝都有法律規定，不准僭越；文藝復興時期的德國，
婦女如果衣著逾越就要在脖子上套上木枷。

　　古羅馬人的服裝因地位不同而有不同顏色之分：執政官穿白底藏青紫
紋樣的服裝；國王和祭司、騎士的禮服用紫或緋紅與紫的組合色；凱旋

而歸的皇帝和將軍身披紅紫底加金絲刺繡的斗篷。

　　雖然現代社會階級的區別已不再從服飾來斷定，但服飾的展示作用依然存在，富人同窮人的服飾在數量和材質上一直都存在著顯著的差異。另外，傳統的民族服裝則是一個民族的象徵和標誌，而現代服飾最重要的展示作用是代表職業。

　　人們習慣於聽從、信任穿制服的人，比如在馬路上人們習慣聽從交通警察的指揮，而不會服從便衣的調遣，所以值勤人員需配戴臂章才能獲取用路人的信任。

　　但是，制服的作用也常常被宵小利用，比如在偵察、越獄、搶劫、行騙時使用，報紙也經常刊登這樣的消息：有人假冒警察或戶政單位騙取民眾個資以此大發橫財。所以，我們不能把穿著作為唯一的判定依據。

　　我們的穿著還可以含蓄、間接地向他人提供訊息，對他人的心理和行為產生影響。法國前總統戴高樂在正式場合經常穿三件一套的西裝，但是在 1961 年的一次電視演講中他卻換上了軍裝，原來原因是有人企圖發動政變。

　　關於政變的內幕有些是不宜在公開場合揭露的，這時總統受到了口說語言的限制，於是他利用軍裝暗示形勢的嚴峻，廣大觀眾不用聽講話內容就能理解他的用意，**他用肩章和飾帶向人民彰顯自己的力量和決心。同口說語言相比，這身軍裝的含義更豐富、方式更巧妙、效果更強烈、作用更明顯。**

　　國家元首有時穿西裝有時穿軍服，有時又著便服，這並不是偶然，他們是利用服裝傳達意圖。

　　摩洛哥國王哈桑二世有時穿長袍、有時穿西裝，國民都能從中領會到他的意圖，穿長袍時暗示他是宗教的領袖，穿西裝時暗示他是國家元首。

美國前白宮發言人史畢克斯在回憶錄中寫道：「那天，我在新聞記者面前一共露了三次面，從我每次的衣著情況就能看出事態的發展日趨嚴重。第一次，我穿的是工作褲和一件西式襯衫；第二次，我換了件藍色運動上衣和一件細條紋襯衫，但依舊著工作褲；而第三次，我換了身筆挺的西裝。」

## 衣著是最直接的身體語言展現方式

服裝具有非常強的直觀性，它所包含的訊息能夠同時刺激接收者的視覺器官，它不像講話，講者要一句一句地說，聽眾要一句一句地聽。因此從傳播速度來看，**服裝語言比口頭語言要快得多，暗示作用也比口語來得快，所以在生活中應該慎重挑選服裝，弄清楚自己這樣的服裝給別人傳遞怎樣的訊息。**

同時，服裝作為一種刺激信號還可以傳遞情緒。服裝對於穿著者本人和他人的情緒都會產生很大的影響，穿戴清新瀟灑，情緒也會隨之振奮；破衣爛衫，情緒會跟著低落。當我們換上一件漂亮衣服出門時，心情往往很愉快；當我們意識到穿著不夠得體時，常常會感到羞恥。

服裝對人與人之間的相互感染也有很大的影響，「背景相近」是感染產生的心理條件之一，所謂的背景是指地位、價值觀等，因為同一階層的人在穿著方面總會有共同之處，所以人們往往願意親近那些同自己服飾觀念相似的人，而疏遠那些與自己審美情趣相悖的。背景相近才有可能產生好感，縮小心理距離建立良好的人際關係。

雷根在擔任美國總統時常穿典型的寬肩膀的「美國式」西裝；布希在總統競選中常穿淺色西裝，搭配藍色系卡其布厚襯衫，雷根和布希之所以穿這些平民服裝，也是為了獲取同人民相近的背景從而博得好感。

因此提醒大家，在與人交往時應該根據對方的個性、談話的內容或

場合來挑選自己的衣服，你所挑選的款式和顏色應該盡量體現自己的風格，這樣才能促進你與別人談話的效果。**不論是初登講台的演講者，還是新就任的領導或是首次登場的主持人，或是剛上班的普通職員，要想給別人留下一個良好的印象，就不能不注意自己的穿著打扮。**

# 個人領地的宣言

在自然界，所有蟲、魚、鳥、獸都會以各種方式標示自己的地盤，以防備同類或是異類的入侵。同樣的，人類也有類似的行為習慣。如果你能瞭解人類對個人「領地」佔有慾的微妙感覺，你就會更加注意自己的言行，在跟別人面對面的交流時，你也能更準確地預判他們的反應。

本章將告訴你人們是如何透過身體語言來宣示自己的領地。

# 個人「領地」的需求

每個人都有自己的領地需求。人類對個人空間大小的需求也是取決於其
生長環境中的人口密度和文化背景。

在自然界中，大部分動物都會將自己身體周圍一定的區域視為私有領地，而牠們確定這塊**領地範圍的大小則主要取決於牠們生長環境的擁擠程度，以及所在地區動物分佈的密集程度**。所以，私有領地的大小是由當下整體環境決定。

動物研究學者指出，在遼闊的非洲大陸生長的獅子，牠的私有領地大約方圓 50 公里以內的範圍，甚至還要更大，依據區域內獅子分佈的密度而定。獅子會在領地邊界以大小便的方式標註自己的地盤。但是，如果是在類似動物園這種地方和其他獅子一起封閉豢養的獅子，牠們所需要的空間可能只有幾平方公尺大小，這是出於居住的擁擠程度所做出的無奈選擇。

其實，我們人類也和動物一樣，每個人都有自己的領地需求。人類對個人空間大小的需求也是取決其生長環境的人口密度和文化背景，比如在日本大都市，人們對擁擠環境習以為常，而很多其他國家的人則偏愛開闊的個人空間，希望其他人都能夠與自己保持適當的距離；在人煙稀少的田園長大的人會比在人口稠密的城市長大的人，需要更大的個人空間。

行為學家曾進行長時間的觀察和研究，他們發現跟大部分社交區域相比，監獄裡的犯人對個人空間的需求更為強烈，在面對朝自己走過來的人時，犯人們總會變得更具攻擊性，但是如果把犯人單獨關押，犯人的情緒就能夠得到平靜。沒有人喜歡有人侵入自己的空間，除非是與自己有著親密接觸的人。

然而，當大禍臨頭的時候，人與人之間的領域壁壘又會被摧毀殆盡。

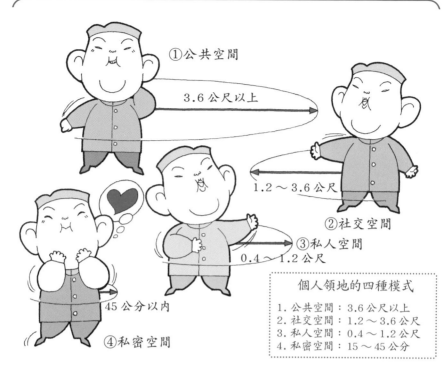

①公共空間

3.6公尺以上

1.2～3.6公尺

②社交空間

③私人空間

0.4～1.2公尺

45公分以內

④私密空間

個人領地的四種模式
1. 公共空間：3.6 公尺以上
2. 社交空間：1.2～3.6 公尺
3. 私人空間：0.4～1.2 公尺
4. 私密空間：15～45 公分

例如，美國的大都市紐約是出了名的人情冷漠的地方，但當東北區因暴風雪全面停電時，每個人都向他人伸出友誼之手，互相幫助、關懷和鼓勵。在這溫暖數小時之間，這個城市成了最富有人情味的地方，不過當災難過去之後，人們又回到各自的領域去，重新嚴守各自的空間界線。

**人類在不同的空間、不同的情況會用不同的方式處理自己的界線**。那麼，人們對個人空間的範圍要求到底有多大呢？如何才能避免自己不小心闖入別人的「領地」，而成為不受歡迎的「入侵者」呢？藉由不斷的實踐發現，人類對個人空間的需求可以分為以下四種模式：

### ① 公共空間

公共空間的半徑大小為 3.6 公尺以上，主要適合和一大群人交流的時候。在這種地理距離疏遠的情況下，一個成熟的說話者會適時地運用一些身體語言來調整心理感受，即拉近心理距離，比如演講者會用環視的

方式關注每個角落的聽眾，使每一個人不會有受到冷落之感。

② 社交空間

社交空間的半徑約為 1.2 ～ 3.6 公尺。**在跟不太熟悉的人交流時，我們會跟他們保持這樣的距離**，例如初次見面陌生人、上門維修的人員、郵差、便利商店店員，和新來的同事等。

③ 私人空間

私人空間的半徑約為 0.4 ～ 1.2 公尺。**在非正式的交談中我們常用此距離**，像在路邊和偶然相遇的一個朋友交談、在同學會上和同學聊天，這個距離既親切又不過分親密。

④ 私密空間

私密空間的半徑約為 15 ～ 45 公分。在所有不同模式的個人空間中，私密空間的間距最為重要，因為人們對於這個空間有著格外強烈的防護心理，就像對待自己的私有財產一樣，**只有在感情上與我們特別親近的人或動物才會被允許進入這個空間**，比如戀人、父母、配偶、孩子和寵物等。

在這個空間裡，還有更為私密的一個區域，那就是與我們的身體間距小於 15 公分的區域；只有在進行親密的身體接觸時，我們才會允許他人進入這個區域，我們也可以將此稱為特別私密空間。

上述所有間距如果在女人和女人的交流時可能會縮小；反之，如果是男人和男人之間，則可能會擴大。而在什麼情況下，別人才會進入我們的私密空間（距離身體 15 ～ 45 公分的範圍）呢？

大概有兩種情況：其一，入侵者是一個關係密切的親戚或朋友，也可能是熱戀中的伴侶；其二，入侵者懷有敵意，甚至準備攻擊我們。

人們一般不能容忍陌生人進入自己的私人空間和社交空間，所以一個闖入私密空間的陌生人會讓我們的身體立刻產生生理反應，我們會心跳加快，大量的腎上腺素注入血管，血液把腎上腺素傳送到腦和肌肉，於

是我們的身體就會做好隨時出擊或者逃跑的準備。

這就是說，如果你跟一個初次見面的人勾肩搭背，即使你表現得非常友好和善，對方也會十分反感，儘管他們笑容滿面似乎很喜歡你，但你得知道，這僅僅是因為他們不想得罪你。因此，如果你想給別人留下好印象，就一定要注意對個人空間的需求。只有在和對方的關係更加親密的時候，他才會願意讓我們進一步靠近。

比如，一個新就任的員工在剛開始跟同事打交道時可能會覺得其他人都對他很冷淡，但這只是因為大家都還跟他不熟，所以只會讓他進入社交空間，隨著大家更加瞭解彼此，身體的間距就會逐漸縮短。最後，其他同事會願意讓這位新員工進入他們的私人空間，如果相交甚篤，甚至可以進入私密空間。

人與人之間的距離通常是由雙方的人際關係以及所處的情境決定，即**你和對方是什麼關係就要保持什麼樣的距離。交往時空間距離的遠近，是交往雙方之間是否親近、是否喜歡、是否友好的重要標誌**，因此人們在交往時，選擇正確的距離就非常重要。

新來的！離我遠點啊！

# 避免侵犯他人的「領地」

當個人空間被侵犯時往往會發出焦慮的信號，會藉由增加身體、心理的距離試圖減少焦慮感。

個人空間就像是一個隨身的大氣泡，總是無形地環繞人們的身體，不管走到哪，這個「氣泡」就會跟到哪。這個看不見的個人空間「氣泡」是根據人的不同而大小各異，它還可隨面對的對象不同而擴展和收縮。**當我們身處一個陌生且帶有敵意的環境時，它會變得很大，可是和親密的另一半在一起時，它又會縮小到幾乎不存在。**

人們的領地既「如影隨形」又「伸縮自如」，所以它不是一個固定的距離，而是隨著環境不斷變化。大城市由於人口密集、交通壅塞，上下班的人群像沙丁魚一樣擠在捷運公車等大眾運輸工具上，前胸貼後背，連手腳都無法動彈一下，大家在這種環境中雖然滿腹怨氣，卻也無可奈何；但是如果車廂空蕩蕩的，卻有人偏偏在你旁邊坐下，身體雖然沒有接觸，這時你很可能會起身離去。

## 關於侵犯個人空間的研究

讓入侵者以不同的方式侵犯測試對象的個人空間，比如坐在選定對象的對面、隔幾個位子或乾脆緊靠著，然後觀察這位受試者的反應。選定對象中很少有人會直接請入侵者離開，但是**多數會試圖在自己與入侵者之間建立屏障**，例如用書、資料隔開距離或直接用身體做屏障，像是支起靠近入侵者的那隻手臂，甚至有時會用手遮住眼睛。當與入侵者面對面時，被選定的受試者會自然地把身體往後靠在椅背上。

一般這些動作總是盡量裝作若無其事的樣子，假裝未受到打擾並避免目光交流。

　　當然，有些受試者也會帶有敵意地盯住入侵者，拉開距離和發出生氣的信號，**而有的受試者在努力未果後會選擇放棄或離開。**

　　當個人空間被侵犯時，往往會發出焦慮的信號，並藉由增加身體、心理的距離來試圖減少焦慮感，有的甚至一走了之。

　　事實上，這些實驗的可信度都可以從搭電梯、搭乘捷運時周圍人的表現來驗證。在這種擁擠的公共場合，我們一般都遵循著一些不成文的禮儀規則，比如盡量不和任何人說話，即使是和你認識的人有非說不可的話，也會降低聲音、精簡內容。我們會盡量避免和人眼神接觸，臉部幾乎沒有任何表情，**為了自然地和別人保持心理距離，往往會選擇看書、看手機或閉目養神。在人越多、空間越狹小的時候，你的身體會盡量減少移動。**

　　電梯的空間相當狹小，因此電梯裡的乘客也會顯得比較拘謹，總是盡量保持彼此身體的最大距離。如果只有一兩個人在電梯裡，他們通常會分開靠牆站立；四個人時則會各佔據一角；當超過四個人後情況就複雜了，他們通常都會不約而同地面朝電梯門站立，縮小身體以避免和別人接觸，空手的會將手臂放在身前，如果手中有物品，如手提包，這些東西會成為人與人之間最佳的象徵性屏障，情況擁擠時更是如此。

　　如果實在不能避免身體接觸，則通常一般僅限於肩膀和上臂，而且我們目光集中於電梯的樓層指示燈，絕對會避免眼神交流。如果有人打破這些規則，一定會引起他人的不滿。

　　在某些情況下，人們會有意地守衛他所需的空間領地。

　　例如，在不太擁擠的圖書館裡，那些想獨處的人就會坐在長方桌一頭的座位上，而那些不願與他人同坐的人就會坐在中間位置。

通常坐在桌角位置的潛語言似乎在說：「如果願意，就和我共用這張桌子吧，不過請別打擾我，我坐在角落上為的是讓你們後來的人盡可能離我遠些，我需要安靜。」

另一方面，獨佔整張桌子的表現是一種進攻性的態度，抱持這一種態度的人會坐在桌子一側的中央，這種坐姿是在說：「別來打擾我，你無論坐在哪一邊都會使我不快。請另找桌子去吧！」

公園裡的長凳情形也是如此，如果一個人想要清靜，那麼他很可能會坐在沒人坐的長凳的某一端；假如他不想別人共用這條長凳，他就會坐在長凳的中央。在辦公環境中，坐在辦公室後面是告訴同事：「離遠點，對我尊重些。」

擁有屬於自己的一席之地是人們內心最深處的渴望，正是這種渴望讓人類獲得了自己所需要的個人空間。

警察在審問犯人時正是利用了這一點，偵查人員常常採用侵犯個人空間的技巧來擊垮犯人的抵抗心理。他們讓犯人坐在硬邦邦且沒有扶手的椅子上，讓他身處空蕩蕩的房間中央並不斷地接近他的私密空間，甚至是特別私密空間，直到他肯老實回答問題為止。一般情況下，犯人們都會難以忍受私密空間受侵犯的折磨，很快就會放棄抵抗。

如果**能瞭解人類對個人空間的需求，你就會更加注意自己的言行，而且在跟別人進行面對面的交流時，也能更準確地預判他們的反應，這有助於更尊重他人，避免侵犯他人的空間領地。**

# 從空間距離看親疏遠近

在不同的文化背景下，把握社交距離的準則會有所差異，但基本規律是相同的。

在不同的文化背景下，人對個人空間的需求和社交距離的準則會有所差異，但基本規律是相同的。人們與自己所喜歡的人交談要比和自己不喜歡的人交談靠得近；朋友比點頭之交靠得近，熟人要比陌生人靠得近；性格內向者要比性格外向者保持稍遠的距離。在交談時，兩個女人要比兩個男人靠得近。

人與人之間遠近親疏的關係是可以用界線或距離的遠近來衡量和判斷的，大致可以依四種狀態劃分。

### ① 親密關係

這裡是指夫妻、情侶、至親好友的關係。親密關係在空間距離上一般會保持在 15 至 100 公分以內；如果是夫妻、情侶、至親的關係，正常情況下會保持在 15 至 45 公分，這個距離很容易接觸到對方的身體，**為了表示親暱，必要時還可縮短為零距離**。這個距離有利於表達心聲、交流情感、彼此愛撫。**如果你發現身處此種關係但空間距離很大，那就說明他們情感上已出現鴻溝。**如果要修補這種裂痕，也需要近距離溝通，不然身體的距離就會加大心理上的距離。人們對這種社交距離也控制得相當嚴，絕不允許一般人隨便進入；如有擅自進入者，就會遭到堅決抵抗。

因此，如果不是這種親密關係

再靠近就把你的手砍斷！

的人就要注意掌握分寸，不要隨意越界，避免招惹是非官司。

如果是朋友關係，正常情況下距離往往保持在 45 至 100 公分以內，**以雙方可以握到對方的手為宜**，這個距離不容易接觸到對方的身體。當然，在特殊情況下，朋友的社交距離也可以小於 45 公分，如雙方見面或告別時握手、擁抱等，都屬這種距離。

但朋友畢竟不是情人或家人相處，應保持適當的距離感，只是這種距離不宜太大，這樣才有利於情感交流，也有利於迴避在交往過程中出現的尷尬與不悅。

②  同事關係

同事之間距離一般保持在 100 至 150 公分。同事之間的交流多數是工作上的交往，既有工作安排計畫，也有工作問題的研究探討，因此這種社交空間距離應該遠近適當。除非在大會上報告必須保持空間距離（一般在 300 公分）以外，如果是小團體甚至是個別交流，其距離就不應該太遠，那樣就不夠親切，但也不應該太靠近，那樣容易造成「小團體」之嫌，更不能以交頭接耳的方式進行，這樣就容易把很嚴肅的工作變成「秘密式」的工作。

尤其與異性同事交往，其空間更應該保持適當距離，否則就會帶來不必要的麻煩。如果與同事進行意見交流的距離可以近一些，一般以 80 至 100 公分為宜，以便交流順暢不被空間距離所阻隔。

同事之間的空間距離還體現一定的空間權，表現在一些特定的工作領域中，例如：人與人之間的辦公場地、生產工作環境是有一定界線和區別，如果隨意入侵就會引發不滿；如果無故佔有，甚至會遭受到抗議。你將一件與其無關的東西放在對方的工作區域，對方自然會感到不快，甚至對方還會「以牙還牙」，造成不該有的矛盾。

因此，**同事之間相處時應盡量不使用權力或某種不當理由佔領對方必要的距離空間，這是尊重對方的一種表現**。如果不拘小節隨意「侵犯」，不但實現不了交流的初衷，反而會帶來負面效應。

### ③ 合作關係

這是指因業務關係與相關人員的社交活動，如業務接洽、產品推銷、合作談判等，通常合作關係的距離比較彈性，近可到 100 公分左右，遠可達 300 公分以上，應根據具體的交往熟悉程度而定。

一般在合作初期都不會太近，會保持在 200 到 300 公分之間。因為一開始就靠得太近難免會有「套交情」之嫌，容易造成對方懷疑而造成反感，保持適當距離進行簡明扼要、有節度的交往，讓人在心理、舉止上都有進退空間，這樣的交際距離也容易留下好感。如果靠太近，有咄咄逼人之感，就難以留下好印象，交際也難獲得應有收穫。

但隨著交際程度加深，雙方的空間距離會適當縮短，可保持在 100 公分左右，也就是雙方能禮貌握手的距離。這時的距離縮短，不但表示彼此認識更深且誤差正在縮小。**許多成功的商人就懂得在這個距離抓緊時間打鐵趁熱，促使事情朝理想方向發展，最後實現握手言和、交易成功之目的。**

### ④ 公共關係

在公共場所突然與人打到照面，甚至短暫交流，這時人與人之間的社交就是一種公共關係。公共關係要求有足夠的空間感，這是因為每個人都要有一定的距離需求，除非是在公車、捷運、飛機，或電影院、賣場造成客觀近距離的不得已場合。一般情況下，公共關係的距離多在 300 公分以上；如果有語言交流，也不應該小於 200 公分。

公共關係十分忌諱近距離接觸，那會讓對方頓生疑竇，甚至會結仇。

生活中，人與人之間的和諧都是建立在恰當的交往距離上，而人與人之間的某些衝突卻往往是從不恰當的距離開始。因此，在交往時適當地運用「距離語言」，我們才能在越來越擁擠的地球上找到合適位置，在越來越頻繁的人際交往中科學地把握好距離。

# 保持進退有度的距離

任何一個人都需要保留自己能夠把握的獨立空間,因此在與人交往的過程中一定要保持「進退有度」的空間距離。

---

任何一個人都需要保留自己能夠把握的獨立空間,而這個空間是任何人都不可隨意侵犯的。社交的人際關係以及所處情境決定彼此自我空間的範圍,因此在和陌生人打交道的時候一定要控制好與對方的距離。

兩隻刺蝟由於寒冷而相擁在一起,但任何人都知道,長長的刺刺痛了彼此小小的身軀,無奈之下它們只好保持足夠的距離,默默地忍受著寒冷。可是天氣越來越冷,兩隻刺蝟誰都受不了刺骨的寒風,下意識地又湊到了一起,經過一番努力,它們終於找到一個最合適的距離:既能獲得對方的溫暖,又不至於刺痛彼此。

看到這裡,許多人也許已經知道這個故事主要說明的就是人際交往中的心理距離效應:即每個人都需要有一個自我空間,它就像一個無形的「氣泡」一樣為自己「佔據」一定的「領域」。

在一間只有一個人而且座位很空的大廳裡,如果有人走進去並坐在他(或她)的旁邊,在大多數情況下這個人會選擇默默遠離到別處坐下,或者乾脆提出:「你想幹什麼?」即使嘗試變化位置,比如分別坐在那人的前後左右,都會出現同樣的情形。

這一現象說明了**人們對這個自我空間的保護意識非常強烈,人的這個自我空間一旦被侵犯就會產生不舒服、不安全的感覺,甚至惱怒**。人和人之間的相處就和刺蝟一樣要保持一定的「距離」,太近會感到壓抑,缺乏自我,太遠又會失去聯繫的連結。因此,在與人交往的過程中,一定要保持「進退有度」的空間距離。

那麼,這個「進退有度」的距離要如何把握呢?根據專家實踐經驗給出了以下幾點建議:

① 把握好距離

我們常在生活中聽到「距離產生美感」這樣一句話。在與他人交談的時候，太遠了會使人感到傲慢，太近了又顯得不夠莊重，因此要注意適當距離，以保持 1.2 ～ 3.6 公尺的距離為宜。如果是在行進中，不但要注意保持距離，還要注意適當變換，比如不要以 2 公尺左右的距離尾隨在陌生人後面，以免引起誤會。騎自行車或開車時不要離前車太近，也不要強行超車；看到別人圍成一個圈形在交談時就要繞道走，不要從中穿越；公園的長椅上如果已經有人坐了，就不要再去擠座位。

② 變換位置

根據社交的目的和場合，我們還需要經常變換自己身體所處的位置，如從前往後、從左到右、由坐而站等。移動位置可以表示尊重，比如當你交通違規遇到警察臨檢時應該馬上下車，然後在警察靠近車子之前走向警察。這是**因為警察離他的崗位越遠，不信任和敵意就會越強烈**。事實上，當我們主動迅速地向警察靠近，表示出對他的服從態度，總是可以避免受到重罰。

除了移動位置外，降低身高也是表示對對方的尊敬，能獲得好感。比如，有的推銷員在推銷產品時總是很順利很成功，其原因是他有照顧顧客心情、情緒。如果你仔細觀察他們在成功交易中的動作後，就會發現他們只要有需要就會隨時隨地俯身彎腰，或者半蹲下來，以便讓顧客獲得主權而有優越感。當然降低身高也是要看場合的。

不要離我太近！

像是晚輩在一起聊天，長輩到場時，晚輩會站立起來。如果仍保持低位，或坐或躺，那麼就說明他對來者的蔑視。

總之，**無論是橫向的移動還是縱向的升降，我們都應該根據不同的交際目的以及當時的情景，隨時變換我們的空間位置。**

一個坐下後就不知起身的人會給人留下傲慢，至少是懶惰的印象，進而影響溝通的順利與否。

### ③ 懂得調節距離

人與人之間的距離並不是一成不變，要做到不近不遠、不親不疏就需要懂得一些調節距離的技巧，這要怎麼做呢？人際交往的空間距離由具體情境、雙方的關係、社會地位、文化背景、性格特徵、心境等決定，**當情景不同時，你應當因局勢調節距離。**

❶ 文化背景差異：每個國家和每個民族對「自我」的理解都不一樣，例如北美人理解「自我」包括皮膚、衣服以及身體半徑幾十公分的空間；而阿拉伯人的「自我」僅限於心靈，他們認為作為物質的肉身只是心靈的載體，是身外之物，精神和心靈才是真我。因此，交往時往往出現阿拉伯人嫌對方過於冷淡，而北美人卻接受不了對方太熱情的情況。

有一對年輕的義大利夫婦從義大利移民到澳洲的雪梨，他們受邀加入當地的一個俱樂部。可是過了幾週，這個俱樂部的三名女會員抱怨那個義大利丈夫老是勾引她們，讓她們感覺很不舒服，而另一位俱樂部的男會員也表示，那個義大利女人也有類似舉動，總是給他某種性暗示。

這個例子說明當不同文化相互碰撞時，個人空間的距離也會更複雜。很多南歐國家的人對私密空間的要求只有半徑 20 至 30 公分的範圍，在某些地區這個間距甚至更小。這對義大利夫婦在和雪梨朋友保持 25公分的身體間距時感覺很自在，完全沒有意識到他們已經侵犯對方的私密空間（澳洲人的私密空間半徑為 46 公分）。而且，與雪梨人相比，義大利人更喜歡目光交流和身體接觸，於是俱樂部的其他成員難免會誤解他們接近自己的動機。當這對義大利夫婦得知俱樂部成員的指責時，他們非常驚訝，好在問題最終得到了很好的解決——義大利夫婦試著在談話時離對方遠一點，尊重當地文化背景下的個人空間距離。

所以，在與不同文化背景的人交流前，需要瞭解一些他們意識形態上的狀況，以免引起對方反感。

❷ 社會地位差異：一般情況下，社會地位高的人會要求有更多的自我空間，因此無論你和對方的關係到了怎樣親密的程度，你都需要和他保持比一般人更遠一些的距離，過分親密對他來講，無異於不尊重。

❸性格差異：性格開朗的人較容易容忍別人的靠近，他們也願意主動接近別人，他們的自我空間較小；而性格內向、孤僻自守的人對他人的靠近十分敏感，即便你是他的好朋友或是家人，你都要保證和他控制在一定的距離。

此外，尊重別人的隱私，**即便是最親密的關係，如夫妻，也應彼此保留一塊心理空間。這種尊重表現為不隨便打聽他人不願意、不主動告訴你的事、不追問他人的秘密等**。過度的自我暴露雖不存在打聽別人隱私的問題，卻存在太靠近對方的問題，容易失去應有的人際距離。

# 從「領地」看地位高低

階級地位的體現不但可以從身體語言這一面向來展示，還可以藉由許多
固定的物件來實現。

---

只要細心觀察，我們就會發現在人際交往中有些人並沒有什麼明顯的
標誌，但是他們卻能毫不費力地表現出他的尊貴與優越。這些人是如何
表現出他的尊貴與優越感呢？他使用了什麼樣的手段讓別人尊敬他？他
的身體語言是怎樣暗示出他的地位與身分的不同呢？

### 階級與地位的實驗

實驗主持人請兩位演員分別扮演主管和拜訪者，並讓他們在不同
的鏡頭中對調角色。場面設計是這樣的：其中一個演員坐在辦公桌
前，另一位扮演拜訪者的人敲門、推門、走近辦公桌洽談公事。

然後，研究人員就讓受試者來評價主管和拜訪者的地位，結果在
他們的評價中出現了一套原則：拜訪者如果進門之後就不再繼續往
前走，而只是站在進門處和主管交談，那麼拜訪者表現出來的地位
最低；如果他走到接近辦公桌的中間，那麼彼此地位平等；如果他
進門後直接走到辦公桌前，站在坐著的主管的正前方，那麼他的地
位就最高。

在受試者心目另一個決定地位高低的因素是敲門與進門這兩個動
作之間的間隔時間，是坐著的主管聽到敲門聲與做出回應之間的時
間間隔。拜訪者越是迅速進入房間，他的地位就越高，主管的回答
來得越晚，其地位也越高。

顯而易見，此處所涉及的其實是一個「領地」的問題。

藉由允許拜訪者進入總經理的「領地」這一安排，總經理自然而然就獲得了優越地位；從拜訪者深入總經理領地的遠近和速度的快慢，也就是他如何挑戰總經理的個人空間，這就說明了他的地位究竟有多高。

其實在生活中我們也經常能看到這樣一種現象：許多企業單位和團隊的負責人會連招呼都不打直接走進部屬的辦公室，而部屬則須在負責人的辦公室外等候，得到允許才進去。如果負責人正在打電話，部屬會躡手躡腳地走開，等一會後再來；如果部屬正在打電話，上司通常會站在部屬的旁邊以顯示自己的地位，直到部屬低聲細語地向對方說「我等一下再打給你」，然後放下話筒、全神貫注地面對上司。

有研究發現，階級地位的體現不但可以從身體語言層面來展示，還可以透過許多固定的物件來實現，比如在一些大公司裡就都建立了許多既有的地位象徵。

而階級則是透過某種同等條件獲得，包括下列因素：工作時間、工作性質（重要性），以及薪水和學位。例如，醫學博士這一學位可使每個人獲得使用一間獨立辦公室的權力，不論其薪水高低、工齡長短；哲學博士可能不一定，這還得取決於其他因素。

在同一系統內，**其他許多因素同樣也可顯示出地位的高低：窗簾、地毯與金屬辦公桌相對的木製辦公桌、傢俱、長沙發，當然還包括秘書，這些都表現出了近乎階級制度的特徵**。這種階級制度建立的一個重要因素，是毛玻璃小房間和透明玻璃小房間之間的鮮明對比，由於隨時允許外面的人往裡面看，所以透明玻璃小房間中的人在重要性和階級上自然比較低微。他的領地極易受到他人的侵犯，也就更容易受人攻擊。

在商場上，階級的重要區別便是敞開領地或闖入領地。那麼，領袖地位的功能體現在什麼地方？一個領導者該用什麼策略或用什麼身體語言來表現他自己的身分呢？

一家大醫藥公司老闆的辦公室除了有辦公桌和椅子外，還有一個長沙發和一張配有兩把椅子的咖啡桌，我們可以從會談時老闆所坐的位置來

彰顯場面的正式與否。如果老闆想非正式地接待來訪客人，那麼他就會從辦公桌後面走出來，把客人引導到長沙發椅或咖啡桌邊去，他就用自己的種種安排告訴你，他將舉行何種類型的會談。如果是一次很正式的會談，那麼他會坐在辦公桌後絕不會起身走出來。

## 與物品相關的身體語言

與物品配合的身體語言表現十分繁雜，其方法也會因人而異。儘管如此，大部分身體語言還是有其許多相同之處。例如：將身體倚靠在另一個人身上或另一件物體上，就是一種普遍而又有代表性的所有權宣示。除了這種行為之外，用目光掃視領地物體也是一種所有權宣示的典型表現。

從心理學的角度來講，無論男女老少都會有不同程度的所有權慾望，這是由於一個人的「自我」，是包括與其生活工作有關的各種人、事、物組成的一個整體，也就是當事人「所擁有」的東西與自己是一體的。

例如，年輕的戀人在眾目睽睽之下摟摟抱抱，這是說明他們彼此為對方所有。小孩子的童書、玩具或者鉛筆、書包，都是他的「私有財產」，別人若想動用必須先得到他的「允許」才行，否則必然會引起他的「強力抗議」。

職場也經常有這樣的「私有財產」，如司機所開的車、機械工人的車床……對於這些「財產」他們不喜歡別人去擅自動用。還有一種所有權身體語言的表現形式就是用腳踏在領地物體上。例如：將腳擱在自己的辦公桌上、踏在椅子上，這些行為都表示擁有這些物品。

在社交場合中也會發現，當一個人**如果未經允許倚靠或使用不屬於自己的財產時，他往往會使物品主人產生一種「受威脅」的感覺。因此，**

當你到朋友家做客或走進他人的辦公室時，最好主動問一下主人應該坐在什麼地方，或者等主人示意後再入座，這樣才有益於形成良好的交談環境。

### 國家圖書館出版品預行編目(CIP)資料

圖解身體語言：讀懂行爲心理學，再也不怕踩到雷
十力文化/冠誠 著
第一版 / 台北市 / 十力文化 / 2021.09
規格：240頁 / 14.8*21公分
ISBN：978-986-06684-1-4（平裝）
1.行爲心理學  2.肢體語言
176.8                                    110014859

# 圖解 身體語言 讀懂行為心理學，再也不怕踩到雷

編　　著　十力文化 / 冠誠

責任編輯　吳玉雯
封面設計　林子雁
美術編輯　劉詠軒

出 版 者　十力文化出版有限公司

發 行 人　劉叔宙
公司地址　116 台北市文山區萬隆街 45-2 號
通訊地址　11699 台北郵政 93-357 信箱
電　　話　02-2935-2758
網　　址　www.omnibooks.com.tw
電子郵件　omnibooks.co@gmail.com
統一編號　28164046
劃撥帳號　50073947

I S B N　978-986-06684-1-4
出版日期　2021 年 9 月
版　　次　第一版第一刷
書　　號　D2106
定　　價　350 元

**十力文化出版有限公司**　企劃部收

地址：台北郵政 93-357 號信箱

傳真：（02）2935-2758

E-mail：omnibooks.co@gmail.com

# 讀 者 回 函

　　無論你是誰，都感謝你購買本公司的書籍，如果你能再提供一點點資料和建議，我們不但可以做得更好，而且也不會忘記你的寶貴想法喲！

姓名／　　　　　　　　性別／□女□男　　生日／　　　年　　　　月　　　　日
聯絡地址／　　　　　　　　　　　　　　連絡電話／
電子郵件／

職業／□學生　　　　□教師　　　　□內勤職員　　□家庭主婦　　□家庭主夫
　　　□在家上班族　□企業主管　□負責人　　　□服務業　　　□製造業
　　　□醫療護理　　□軍警　　　□資訊業　　　□業務銷售　　□以上皆是
　　　□以上皆非　　□請你猜猜看
　　　□其他：

## 你為何知道這本書以及它是如何到你手上的？
　　　請先填書名：
　　　□逛書店看到　□廣播有介紹　　□聽到別人說　　□書店海報推薦
　　　□出版社推銷　□網路書店有打折　□專程去買的　　□朋友送的　　□撿到的

## 你為什麼買這本書？
　　　□超便宜　　　□贈品很不錯　□我是有為青年　□我熱愛知識　□內容好感人
　　　□作者我認識　□我家就是圖書館　□以上皆是　　　□以上皆非
　　　其他好理由：

## 哪類書籍你買的機率最高？
　　　□哲學　　　　□心理學　　　□語言學　　　□分類學　　　□行為學
　　　□宗教　　　　□法律　　　　□人際關係　　□自我成長　　□靈修
　　　□型態學　　　□大眾文學　　□小眾文學　　□財務管理　　□求職
　　　□計量分析　　□資訊　　　　□流行雜誌　　□運動　　　　□原住民
　　　□散文　　　　□政府公報　　□名人傳記　　□奇聞逸事　　□把哥把妹
　　　□醫療保健　　□標本製作　　□小動物飼養　□和賺錢有關　□和花錢有關
　　　□自然生態　　□地理天文　　□有圖有文　　□真人真事
　　　請你自己寫：